Elternunterhalt

Wenn Kinder für ihre Eltern haften

von

Maria Demirci

2. Auflage

C.H.BECK

Vorwort

Laut Statistischem Bundesamt wurden Ende 2017 ca. 818.000 Menschen in Pflegeheimen vollstationär betreut. Das sind knapp 24 % der Pflegebedürftigen. Die finanzielle Belastung eines Pflegebedürftigen lag laut Verband der Ersatzkassen (VDEK) bei durchschnittlich 1.940 Euro im Monat (Stand: Januar 2020). Diesen Eigenanteil müssen die Pflegebedürftigen aus eigener Tasche bezahlen.

Wenn Rente, gesetzliche Pflegeversicherung, private Zusatzversicherungen und Rücklagen für die Begleichung der Heimkosten und der Deckung des eigenen Lebensunterhalts nicht mehr ausreichen, sind Kinder ihren Eltern gegenüber von Gesetzes wegen zur Zahlung von Unterhalt verpflichtet. **Allerdings wenden sich Eltern nur in den seltensten Fällen direkt an die Kinder und verlangen Unterhalt.** In der Regel wird staatliche Hilfe in Form von Sozialhilfeleistungen von den Eltern in Anspruch genommen. **Nachdem der Staat für die Kinder eingesprungen ist, greift er auf diese zurück, um die Auslagen zurückzuholen.**

Diesem Anspruch werden durch das sogenannte Angehörigen-Entlastungsgesetz, das am 1.1.2020 in Kraft getreten ist, allerdings Grenzen gesetzt. Mit diesem Gesetz werden zu Elternunterhalt verpflichtete Kinder entlastet, deren Jahresbruttoeinkommen 100.000 Euro nicht überschreitet.

Hat das Angehörigen-Entlastungsgesetz das Ende des Elternunterhaltes zur Folge? Die Antwort lautet Nein!

Zwar werden nicht mehr so viele unterhaltspflichtige Kinder vom Sozialamt zur Zahlung von Elternunterhalt aufgefordert werden. Die Komplexität einer Unterhaltsberechnung bleibt aber auch nach der Reform dieselbe. Ferner werden sich die Sozialämter und die Gerichte in den nächsten Jahren mit den Folgen des Angehörigen-Entlastungsgesetzes befassen müssen.

Das Thema Elternunterhalt bleibt trotz Reform hochkomplex. Vor diesem Hintergrund war eine Neuauflage dieses Ratgebers erforderlich. Der Ratgeber möchte dem Leser Antworten auf essentielle Fragen des Elternunterhaltes geben und eine praktische Hilfestellung für Betroffene sein.

München, im Mai 2020

Maria Demirci
Rechtsanwältin und Fachanwältin für Erb- und Familienrecht, München

Inhaltsverzeichnis

1. Kapitel. Warum müssen Kinder für ihre Eltern aufkommen?

Das Gesetz sieht vor, dass Verwandte in gerader Linie verpflichtet sind, sich gegenseitig Unterhalt zu gewähren. Verwandte in gerader Linie sind nach dem Gesetz Großeltern – Eltern – Kinder – Enkelkinder etc. In dieser Broschüre wird die Unterhaltspflicht der Kinder gegenüber ihren Eltern beleuchtet, also

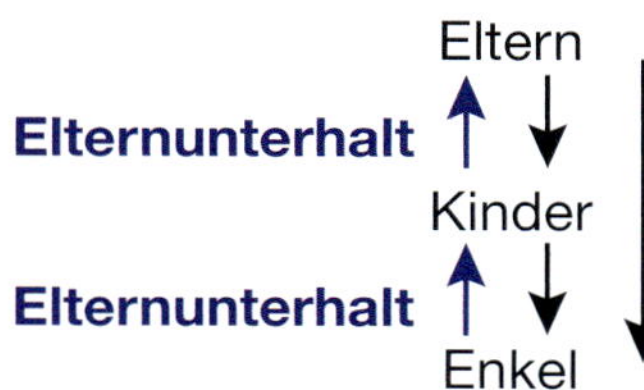

Unterhaltspflicht bei Verwandten gerader Linie

Grundsätzlich ist **ein Unterhaltsanspruch** der Eltern **gegen den Enkel** ebenfalls möglich, wenn die Kinder finanziell nicht in der Lage sind, Unterhalt für ihre Eltern zu leisten (= Zivilrecht)!

Anders ist es im Sozialrecht, also dem Anspruch des Sozialamtes gegen Unterhaltspflichtige: Sind die Kinder nicht leistungsfähig, kann das Sozialamt **nicht die Enkelkinder** als Ersatzpflichtige in die Haftung nehmen! Diese Möglichkeit schließt das **Sozialrecht**, im Gegensatz zum Zivilrecht, ausdrücklich im Gesetz aus!

Daneben sind Ehegatten bzw. geschiedene Ehegatten und Lebenspartner einer eingetragenen Lebenspartnerschaft von Gesetzes wegen zu Unterhaltszahlungen verpflichtet. Während für Unterhaltszahlungen an die eigenen Kinder Verständnis besteht, da man ihnen eine eigene Lebensstellung und Existenz ermöglich muss, ist das Verständnis bei Zahlungen an den getrenntlebenden bzw. geschiedenen Ehegatten/Lebenspartner schon weniger ausgeprägt. Wegen des bestehenden Ehebandes getrenntlebender Ehegatten/Lebenspartner und einer auch noch nach der Scheidung wirkenden nachehelichen Solidarität muss der Unterhaltspflichtige seiner durch Eingehung der Ehe/Lebenspartnerschaft übernommenen Verantwortung jedoch grundsätzlich nachkommen.

Der **Verantwortungsgedanke gegenüber Eltern**, die sich eine eigene Lebensstellung und Existenz aufgebaut haben, fehlt hingegen meist völlig bei den betroffenen Unterhaltspflichtigen. Anfang des 20. Jahrhunderts, als das Bürgerliche Gesetzbuch (BGB) in Kraft trat, war der Unterstützungs- und Verantwortungsgedanke, das wechselseitige füreinander Einstehen in der Großfamilie herrschend. Dieser Verantwortungsgedanke ist der Hintergrund für den Unterhaltsanspruch zwischen Verwandten in gerader Linie.

Kommen die Eltern ins Heim und reichen deren Einkünfte und Rücklagen zur Begleichung der Heimkosten nicht aus, geht in der Regel zunächst das Sozialamt in Vorkasse und begleicht die ungedeckten Heimkosten. Im Anschluss versucht das Sozialamt, sich die vorverauslagten Kosten von den unterhaltspflichtigen Kindern zurückzuholen. Näheres siehe ab S. 36.

2. Kapitel. Wann wird grundsätzlich Elternunterhalt geschuldet?

Ein Anspruch der Eltern gegenüber ihren Kindern besteht nur, wenn Eltern nicht mehr in der Lage sind, ihren Bedarf (siehe S. 11) aus eigenem Einkommen und/oder Vermögen (siehe S. 12 ff. und 17 ff.) zu decken, sie also

- **bedürftig** (siehe S. 12) sind.

Weitere Voraussetzung ist, dass die eigenen Kinder überhaupt im Stande sind, den Unterhalt zu leisten; sie müssen

- **leistungsfähig*** sein (siehe „Selbstbehalt". Grundsatz: Einkommen minus Abzüge minus Selbstbehalt geteilt durch 2, siehe S. 24).

Die Voraussetzungen der Bedürftigkeit und Leistungsfähigkeit müssen

- **zeitgleich** vorliegen. Können die Eltern ihren Bedarf selbst decken oder sind die Kinder nicht leistungsfähig, gibt es überhaupt keinen Unterhaltsanspruch.

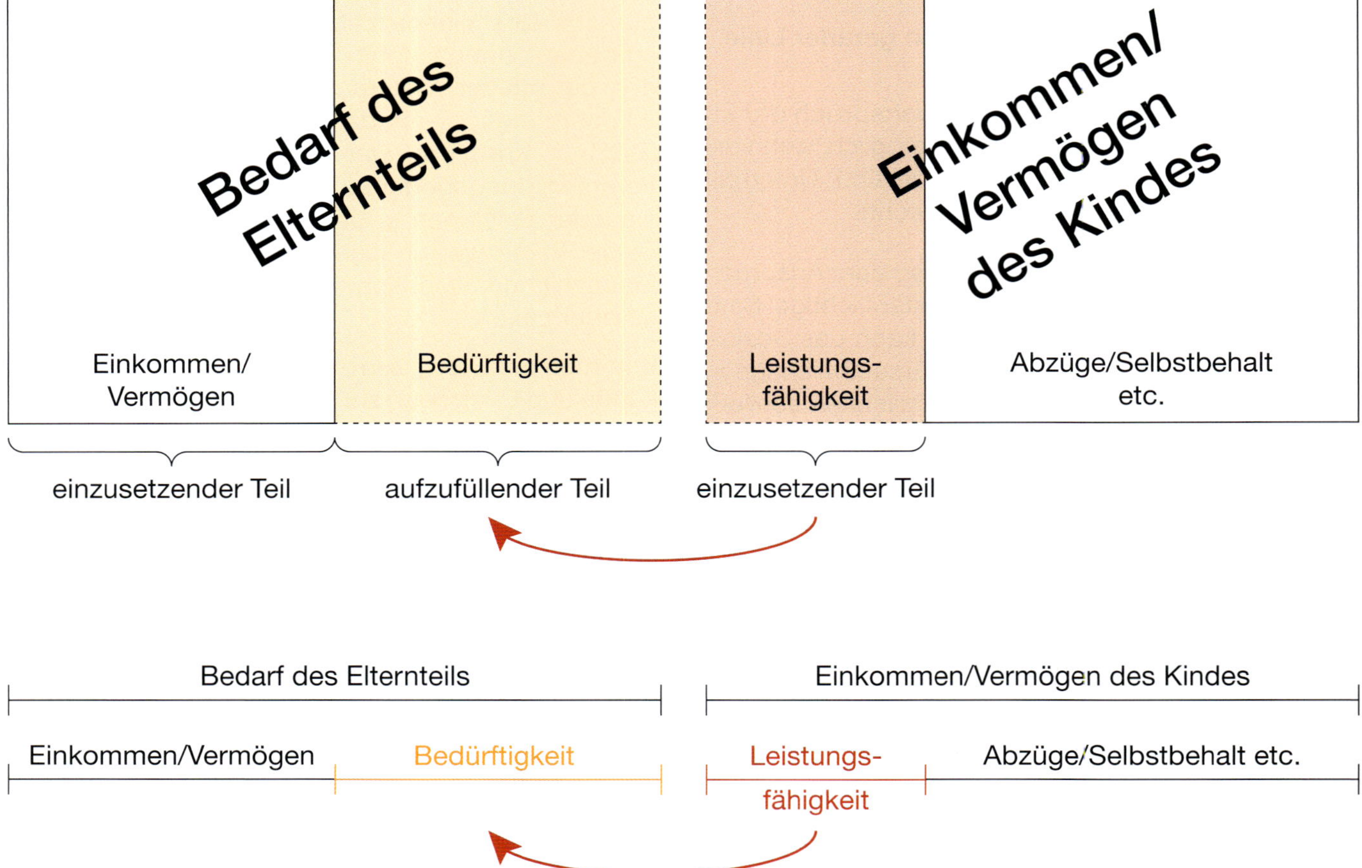

* Bitte beachten Sie die Ausführungen auf Seite 36/37. Wenn der Unterhaltsanspruch der Eltern auf das Sozialamt übergegangen ist, dann müssen sich die Kinder an den Pflegekosten nur beteiligen, wenn sie über ein Bruttoeinkommen von über 100.000 Euro jährlich verfügen.

3. Kapitel. BEDARF – Ermittlung des Lebensstandards der Eltern

1. Wie wird der (tatsächliche) Bedarf ermittelt?

Maßgeblich für den Bedarf der Eltern ist deren eigene Lebensstellung. Diese richtet sich nach den Einkommens- und Vermögensverhältnissen der Eltern. Der Lebensbedarf umfasst dabei Miete, Ernährung, Bekleidung, Beiträge für die Kranken- und Pflegeversicherung etc. Reichen die Einkünfte zur Deckung des Lebensstandards aus, muss kein Unterhalt gezahlt werden. Nachteilige Einkommensreduzierungen, z. B. durch Eintritt in den Ruhestand, verändern die Lebensstellung.

HINWEIS

Einen Anspruch auf Beibehaltung der früheren, besseren Lebensverhältnisse haben die Eltern nicht.

Verfügen die Eltern **weder über Einkommen noch Vermögen**, ist deren Unterhaltsbedarf mit dem **Existenzminimum** gleichzusetzen. Dieses beträgt nach derzeit gültiger Düsseldorfer Tabelle 960 € monatlich. In diesem Betrag sind 430 € monatlich Wohnkosten (Warmmiete einschließlich umlagefähiger Nebenkosten und Heizung) enthalten. Die Kosten für Kranken- und Pflegeversicherung sind hinzuzurechnen und erhöhen den Bedarf.

HINWEIS

Die Düsseldorfer Tabelle enthält Leitlinien für den Unterhaltsbedarf von Unterhaltsberechtigten:

https://www.olg-duesseldorf.nrw.de/infos/Duesseldorfer_Tabelle/index.php.

2. Bedarf bei Heimunterbringung

Bei Heimunterbringung beschränkt sich der Bedarf in der Regel auf das Existenzminimum in Form einer zumutbaren – einfachen und kostengünstigen Heimunterbringung. Der Bedarf richtet sich nach den

- **tatsächlichen Kosten der Heimunterbringung**.

HINWEIS

Das unterhaltspflichtige Kind ist berechtigt, eine Aufschlüsselung der Heimkosten zu verlangen, um deren Notwendigkeit und Angemessenheit überprüfen zu können.

Die Heimkosten müssen aber auch

- **notwendig und angemessen** sein. Heimkosten sind notwendig, wenn eine Selbstversorgung in der eigenen Wohnung nicht mehr möglich ist.

HINWEIS

Eine Gewährung von Pflegegeld ist ausgeschlossen, wenn der Pflegebedürftige stationäre Leistungen in Anspruch nimmt; Pflegegeld wird nur bei häuslicher Pflege gewährt.

Ist ein Verbleib in der eigenen Wohnung ggf. unter Zuhilfenahme eines ambulanten Pflegedienstes preisgünstiger als eine Heimunterbringung, müssen die Kinder für die Heimunterbringung nicht aufkommen. Umgekehrt müssen Kinder für eine häusliche Pflege der Eltern nicht aufkommen, wenn eine Heimunterbringung günstiger wäre.

TIPP!

Die Preise der verschiedenen Pflegeheime können verglichen werden. Einen ersten Anhaltspunkt hierfür bietet der Pflegeheimnavigator der AOK unter http://www.pflege-navigator.de/ .

Sind Plätze in einer günstigeren Einrichtung vorhanden und ist den Eltern eine andere Unterbringung zumutbar, sind die Kinder nicht verpflichtet, für die höheren Heimkosten aufzukommen.

Wenn das unterhaltspflichtige Kind allerdings die Auswahl des Pflegeheimes selbst beeinflusst hat, kann es später nicht einwenden, dass eine kostengünstigere Unterbringung möglich ist.

Bei der Frage, was den Eltern zumutbar ist, muss man wegen des Mangels an Heimplätzen berücksichtigen, ob überhaupt eine andere Unterbringungsmöglichkeit besteht oder ob das Pflegeheim wegen der räumlichen Nähe zu Angehörigen des Elternteils ausgewählt wurde.

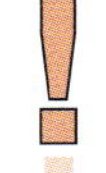

Wenn das Sozialamt Unterhaltsforderungen für im Heim untergebrachten Eltern geltend macht, sollten sich in Anspruch genommene Kinder nicht davor scheuen, Nachfragen zur Erforderlichkeit der Heimunterbringung und zu den Kosten zu stellen.

Zusätzlich steht dem im Heim untergebrachten Elternteil ein Barbetrag (Taschengeld) zu, welcher für Aufwendungen für Körper- und Kleiderpflege, Zeitschriften und Schreibmaterial etc. erbracht wird. Der Barbetrag beträgt derzeit 116,64 € monatlich.

4. Kapitel. BEDÜRFTIGKEIT – Ab wann wird Unterhalt geschuldet?

Wer seinen Lebensunterhalt (= Bedarf) **nicht** aus eigenen Mitteln, d. h. aus eigenem Einkommen (siehe S. 12 ff.) und Vermögen (siehe S. 17 ff.), decken kann, ist bedürftig und hat grundsätzlich Anspruch auf Unterhalt. Es stellt sich also zunächst die Frage, was alles als Einkommen und Vermögen betrachtet wird.

1. Eigenes Einkommen der Eltern

Eigenes Einkommen der Eltern deckt den *Bedarf* und mindert damit die Bedürftigkeit. Eltern müssen alle ihnen zur Verfügung stehenden Einkünfte zur Deckung ihres Bedarfs verwenden. Die unterhaltspflichtigen Kinder sind so wenig wie möglich zu belasten. Wegen der Unterhaltsverpflichtung gegenüber den Eltern müssen die Kinder ihren Lebensstandard nicht absenken (siehe dazu auch S. 20).

! Ansprüche, die zur Erhöhung des Einkommens und damit zu einer Entlastung der unterhaltspflichtigen Kinder führen können, sind von den Eltern geltend zu machen. Wird dies unterlassen, werden Eltern im Rahmen der Unterhaltsberechnung so behandelt, als würden sie über das höhere Einkommen verfügen; ihnen wird also ein sog. fiktives Einkommen zugerechnet.

BEISPIEL:

Die verwitwete Mutter bekommt eine monatliche Rente von 800 €. Über weitere Einkünfte oder Vermögen verfügt sie nicht. Sie bzw. das Sozialamt macht nun gegenüber ihrem Sohn Unterhaltsansprüche geltend.

Sie hatte vor Jahren eine private Zusatzpflegeversicherung abgeschlossen, welche ihr ein zusätzliches monatliches Einkommen in Höhe von 150 € bei Inanspruchnahme bezahlen würde. Im Rahmen der Unterhaltsberechnung werden ihr 950 € monatliches Einkommen zugerechnet, da sie die Versicherungsleistung in Anspruch nehmen muss, um ihren Bedarf zu decken.

a) Renten, Pensionen etc.

Jede Form der Altersversorgung, unabhängig davon, ob es sich um eine Altersrente, Witwenrente, Rente wegen Erwerbsminderung oder Unfallrente, um eine Beamtenpension, Betriebsrente oder eine Leistung aus einem privaten Rentenversicherungsvertrag handelt, zählt zum Einkommen. Eltern sind auch verpflichtet, entsprechende Anträge auf Rentenbezug zu stellen, sobald die Voraussetzungen hierfür vorliegen. Wird der Antrag nicht gestellt, obwohl dies möglich ist, wird der Rentenbezug fingiert, d. h. es wird so gerechnet, als ob die Rente ausgezahlt würde. Das wirkt sich dann zu Lasten des unterhaltsbegehrenden Elternteils aus.

Bei **geschiedenen Eltern**, ist auf Folgendes zu achten: Bei Scheidung wird der sog. Versorgungsausgleich durchgeführt. Er hat den Zweck, die unterschiedlich hohen Rentenanwartschaften, die Ehegatten während der Ehezeit erworben haben, auszugleichen. Hiervon profitiert derjenige Ehegatte, der während der Ehezeit weniger an Rentenanwartschaften erworben hat.

Bei geschiedenen, unterhaltsbedürftigen Eltern muss überprüft werden, ob der Versorgungsausgleich bei Scheidung richtig berechnet worden ist. Bei abgeschlossenen Scheidungen mit Versorgungsausgleichsverfahren, die vor dem 1.9.2009 eingeleitet wurden, erlitt der ausgleichsberechtigte Ehegatte, insbesondere bei Betriebsrenten, in der Regel erhebliche Nachteile. Diese Nachteile können zum Teil nach neuem Recht abgemildert werden, indem das Verfahren wieder neu aufgerollt wird. Der ausgleichsberechtigte Ehegatte kann durch ein Abänderungsverfahren erreichen, dass er im Ergebnis höhere Rentenanwartschaften ausgeglichen bekommt und in Folge über höhere Einkünfte verfügt.

In Altfällen wurde oftmals im Scheidungsurteil der sog. schuldrechtliche Versorgungsausgleich für Anrechte, die nicht bei Scheidung ausgeglichen worden sind, vorbehalten. Wird das Renteneintrittsalter erreicht, muss der Ausgleichsberechtigte sich um den Ausgleich kümmern, um seine Rentenbezüge aufzubessern. Da die Scheidung häufig jahrelang zurückliegt, wird dies häufig übersehen.

TIPP!

Ansprüche, die das Einkommen der Eltern erhöhen, mindern im Gegenzug die finanzielle Belastung der unterhaltspflichtigen Kinder. Aus diesem Grund sollten Ansprüche aus einer Scheidung, auch wenn diese einige Jahre zurückliegt, unbedingt überprüft werden bzw. das Sozialamt zur Überprüfung aufgefordert werden!

Sind die Kinder als Bevollmächtigte/Betreuer ihrer Eltern eingesetzt, können die Kinder selbst die im Namen des geschiedenen Elternteils notwendigen Maßnahmen zur Durchsetzung der Ansprüche einleiten.

b) Leistungen aus der Pflegeversicherung

Leistungen aus der Pflegeversicherung mindern ebenfalls den Bedarf der Eltern. Seit dem 1.1.2017 ist das Pflegestärkungsgesetz II in Kraft, das eine vollständige leistungsrechtliche Gleichstellung von demenzkranken und körperlich erkrankten Pflegebedürftigen mit sich gebracht hat.

Seit dem 1.1.2017 erhalten Pflegebedürftige folgende monatliche Leistungen aus der Pflegepflichtversicherung:

Für alle Pflegegrade gilt: In der ambulanten Pflege können zusätzlich bis zu 125 € monatlich für zweckgebundene Leistungen geltend gemacht werden. Es handelt sich dabei um Aufwendungen, die dem Pflegebedürftigen im Zusammenhang mit der Inanspruchnahme von zusätzlichen Entlastungsleistungen, wie z. B. Unterstützung beim Wäschewachsen, entstehen. Dadurch mindert sich der Bedarf.

! Die Leistungen in der gesetzlichen Pflegeversicherung sind zu niedrig, als dass sie die vollen Pflegekosten, insbesondere im Heim, abdecken könnten. Soweit es noch möglich ist, ist es ratsam, für die Eltern eine private Pflegeversicherung abzuschließen, um das Risiko von Unterhaltszahlungen zu minimieren bzw. ganz zu vermeiden.

aa) Ab wann werden Leistungen von der Pflegeversicherung gewährt?

Leistungen der Pflegeversicherung werden nur auf Antrag gewährt. Leistungen werden frühestens ab dem Monat, in dem der Antrag gestellt wurde, gewährt. Will der Pflegebedürftige eine Höherstufung erreichen, wird diese ebenfalls nur auf Antrag gewährt. Die höheren Leistungen werden jedoch erst erbracht, wenn die Voraussetzungen für den höheren Pflegegrad tatsächlich erfüllt werden.

	Pflegegrad 1	**Pflegegrad 2**	**Pflegegrad 3**	**Pflegegrad 4**	**Pflegegrad 5**
Leistungen für die häusliche Pflege durch Angehörige (sog. Pflegegeld)		316 EUR	545 EUR	728 EUR	901 EUR
Leistungen für ambulante Pflegedienste		689 EUR	1.298 EUR	1.612 EUR	1.995 EUR
Leistungen für vollstationäre Pflege	125 EUR	770 EUR	1.262 EUR	1.775 EUR	2.005 EUR

Die „Höherstufung“ durch die Gesetzesreform brachte meist nur bei ambulanter Behandlung erhöhte Leistungen. Bei Heimunterbringung könnte genau das Gegenteil der Fall sein! Pflegebedürftige in vollstationärer Pflege mit den (neuen) Pflegegraden 2 und 3 (alte Pflegestufe 1 und 2) sind jetzt schlechter gestellt, da die Zuschüsse gesunken sind! Durch die Regelungen zum im Sozialrecht geltenden Besitzstandsschutz muss aber trotzdem kein höherer Eigenanteil gezahlt werden, es wird ggf. ein Zuschlag gezahlt.

BEISPIEL:

Bis 31.12.2016 gewährte die Pflegeversicherung bei vollstationärer Pflege bei Pflegestufe 1 Leistungen in Höhe von 1.064 € und bei Pflegestufe 2 1.330 € monatlich. Seit dem 1.1.2017 erhält ein Pflegebedürftiger in vollstationärer Pflege mit dem Pflegegrad 2 lediglich Leistungen in Höhe von 770 € und mit dem Pflegegrad 3 1.262 € monatlich.

Der Antrag kann grundsätzlich nur durch den Pflegebedürftigen selbst gestellt werden. Eine vom Pflegebedürftigen mittels einer Vorsorgevollmacht ausgestattete Person (Bevollmächtigter) kann den Antrag im Namen des Pflegebedürftigen ebenfalls stellen.

Was passiert, wenn der pflegebedürftige Elternteil aufgrund seines Gesundheits- oder Geisteszustandes nicht mehr in der Lage ist, den Antrag selbst zu stellen oder eine Vorsorgevollmacht zu erteilen? Dann muss beim zuständigen Betreuungsgericht ein Antrag auf Betreuerbestellung gestellt werden. Diesen Antrag kann jede Person stellen, darunter auch das Sozialamt. Der Betreuer kann dann für den pflegebedürftigen Elternteil rechtlich wirksame Erklärungen abgeben und für ihn handeln. Bis der Betreuer vom Gericht bestellt wird und dieser dann den Antrag stellt, kann jedoch einige Zeit vergehen.

TIPP!

Solange die Eltern geschäftsfähig sind, sollte frühzeitig an die Errichtung einer Vorsorgevollmacht gedacht werden, da eine wirksame Vorsorgevollmacht eine gesetzliche Betreuung entbehrlich macht.

TIPP!

Vertiefte Ausführungen zur Vorsorgevollmacht und Betreuungsverfügung sowie Patientenverfügung sind in der Broschüre „Vorsorge für Unfall, Krankheit und Alter“ zu finden (im Buchhandel erhältlich für 5,90 €, ISBN 978-3-406-74415-0).

bb) Wie erfolgt die Einstufung in die Pflegegrade?

Zum 1.1.2017 wurde ein neues Prüfverfahren, das sogenannte neue Begutachtungsassessment (NBA), eingeführt. Das Kriterium der Selbständigkeit soll nun generell das neue Kriterium bei der Einstufung sein. Die Gutachter des Medizinischen Dienstes der Krankenversicherung (MDK) bei gesetzlich Versicherten oder der Medicproof GmbH bei privat Versicherten überprüfen bei jedem neuen Antrag auf Pflegeleistungen jeden Antragsteller persönlich anhand eines Fragenkatalogs auf den Grad der noch vorhandenen Selbständigkeit. Auf der Basis dieses Gutachtens entscheidet dann die zuständige Pflegekasse, ob Pflegebedürftigkeit mit einem Pflegegrad besteht oder ob der Antrag auf Zuerkennung eines Pflegegrades abgelehnt wird. Das NBA arbeitet mit einem Punktesystem und überprüft anhand eines Fragenkatalogs, wie selbständig die antragstellende Person noch ist. Auf einer Skala von 1 bis 100 wird dann die Punktevergabe vorgenommen. Je mehr Punkte der Antragsteller zuerkannt bekommt, desto höher ist der Pflegegrad und desto mehr Pflege- und Betreuungsleistungen werden durch die Pflegekasse genehmigt.

TIPP!

Ausführlichere Informationen über die neuen Pflegegrade und das neue Begutachtungssystem können bei den jeweiligen Pflegekassen erfragt und eingeholt werden. Auskunft gibt auch die Broschüre „Pflegebedürtig – Was tun?“, ISBN 978-3-406-73555-4 (im Buchhandel erhältlich für 5,90 €) und „Pflege organisieren und finanzieren“, ISBN 978-3-406-71032-2 (im Buchhandel erhältlich für 5,90 €).

Der Bescheid über die Einstufung wird dem Antragsteller bzw. dessen Bevollmächtigten/Betreuer schriftlich zugestellt. Gegen den Bescheid kann Widerspruch bei der zuständigen Pflegekasse eingelegt werden. Sollte mit dem Bescheid das Gutachten nicht mitgeschickt worden sein, so ist dieses anzufordern, damit der Widerspruch begründet werden kann. Der Einstufungsbescheid enthält eine Rechtsbehelfsbelehrung in welcher steht, wohin und innerhalb welcher Frist Widerspruch eingelegt werden muss.

TIPP!

Das Widerspruchsverfahren ist kostenlos. Der Widerspruch kann durch einfachen Brief eingelegt werden.

Wird der Widerspruch abgelehnt, kann Klage vor dem Sozialgericht erhoben werden.

TIPP!

Hier empfiehlt es sich, juristischen Rat bei einem Fachanwalt für Sozialrecht einzuholen!

Ist das unterhaltspflichtige Kind nicht als Bevollmächtigter/Betreuer des pflegebedürftigen Elternteils eingesetzt und besteht auch sonst kein Kontakt, erhält es meist erst dann Kenntnis von der Einstufung, wenn es vom Sozialamt zur Zahlung von Unterhalt aufgefordert wird.

Der Bescheid über die Einstufung wird dann in der Regel bereits bestandskräftig und damit unanfechtbar sein. Zweifel über die Einstufung können dann nur im Rahmen des Unterhaltsverfahrens geäußert werden.

! Wenn es um die Einstufung in Pflegegrade geht, ist das Sozialgericht zuständig! Geht es um die Unterhaltszahlungen, ist hingegen das Amtsgericht und dort die Abteilung Familiengericht zuständig!

Das Sozialamt muss im Rahmen eines gerichtlichen Unterhaltsverfahrens die Grundlagen für die Höhe des geltend gemachten Unterhaltes darlegen und beweisen. Das Sozialamt muss die Einordnung in den Pflegegrad gegenüber dem unterhaltspflichtigen Kind rechtfertigen. Wendet sich das unterhaltspflichtige Kind im Unterhaltsverfahren gegen die angenommene Pflegebedürftigkeit, wird das Familiengericht ein Sachverständigengutachten einholen, welches die Einstufung überprüft.

! Sachverständigengutachten verursachen erhebliche Kosten. Die Frage, ob es taktisch sinnvoll ist, die Einordnung in den Pflegegrad im Rahmen eines Unterhaltsverfahrens anzuzweifeln, kann ein im Familienrecht versierter Fachanwalt beantworten.

c) Pflegewohngeld

Bei im Pflegeheim stationär untergebrachten Eltern besteht in manchen Bundesländern bei Erfüllung bestimmter Voraussetzungen Anspruch auf Zahlung eines Pflegewohngelds.

! Pflegewohngeld gewähren derzeit nur die Bundesländer Mecklenburg-Vorpommern, Niedersachsen und Schleswig-Holstein.

Es handelt sich beim Pflegewohngeld um einen Zuschuss zur Deckung der Investitionskosten (z. B. Erhalt und Renovierung des Gebäudes) des Pflegeheims, die meist Teil der monatlichen Rechnung des Pflegeheimes sind.

Voraussetzung für die Gewährung von Pflegewohngeld ist, dass der Heimbewohner pflegebedürftig ist (d. h., dass mindestens der Pflegegrad 1 vorliegt). Ferner darf das Einkommen und – außer in Mecklenburg-Vorpommern – Vermögen bestimmte Grenzen nicht überschreiten. Unterhaltsansprüche gegenüber dem Ehepartner oder den Kindern stehen dem Pflegewohngeld nicht entgegen.

TIPP!

Bei dem Pflegewohngeld handelt es sich nicht um eine Sozialleistung, sodass auch Selbstzahler im Pflegeheim den Anspruch geltend machen können, wenn sie die Voraussetzungen erfüllen.

In der Regel wird der Antrag von den Pflegeheimen gestellt, an welche das Pflegewohngeld auch ausbezahlt wird. Besteht ein Anspruch auf Zahlung von Pflegewohngeld, besteht auch die unterhaltsrechtliche Obliegenheit, dieses in Anspruch zu nehmen, um die Bedürftigkeit zu verringern. Wird Pflegewohngeld bezahlt, darf das Pflegeheim dem Heimbewohner die Investitionskosten **nicht** mehr in Rechnung stellen.

d) Grundsicherung im Alter

Vor einigen Jahren wurde die Grundsicherung im Alter und bei voller Erwerbsminderung eingeführt, da sich viele ältere Menschen nicht trauten, zum Sozialamt zu gehen und Sozialhilfe zu beantragen, da sie den Rückgriff des Sozialamts auf ihre Kinder vermeiden wollten. Diese Leistung hat den Zweck, den grundlegenden Bedarf alter Menschen sicherzustellen und die Altersarmut eindämmen.

TIPP!

Weitergehende Informationen zur Grundsicherung gibt es in der Broschüre „Was tun, wenn die Rente nicht reicht“, ISBN 978-3-406-68941-3 (im Buchhandel erhältlich für 5,50 €).

Den Anspruch auf Grundsicherung können Personen geltend machen, die ihren gewöhnlichen Aufenthalt in Deutschland haben und die ein so geringes Einkommen oder Vermögen haben, dass es für den Lebensunterhalt nicht oder nicht ganz ausreicht.

TIPP!

Als Faustregel gilt: Wessen gesamtes monatliches Einkommen durchschnittlich den Betrag von 865 € unterschreitet, sollte überprüfen lassen, ob Anspruch auf Grundsicherung besteht.

Für die Grundsicherung im Alter muss die Altersgrenze für die Regelaltersrente erreicht worden sein. Für Geburtsjahrgänge ab 1964 gilt die Altersgrenze von 67 Jahren. Für Geburtsjahrgänge ab 1947 wird das Renteneintrittsalter stufenweise von 65 auf 67 Jahre angehoben.

BEISPIEL:

Wer 1952 geboren ist, erreicht die Regelaltersgrenze mit 65 Jahren und 6 Monaten.

Wer in den letzten 10 Jahren seine Bedürftigkeit vorsätzlich oder grob fahrlässig herbeigeführt hat, indem er z. B. sein Vermögen verschenkt oder leichtfertig verloren hat, ohne für das Alter vorzusorgen, bekommt keine Grundsicherung.

Grundsicherung wird nicht gewährt, wenn auch nur das Einkommen eines Kindes 100.000 € brutto übersteigt!

Das Gesetz vermutet, dass das Einkommen des unterhaltspflichtigen Kindes diese Grenze nicht überschreitet. Um diese Vermutung zu widerlegen, können die Sozialämter vom Antragsteller Angaben verlangen, die Rückschlüsse auf das Einkommen der Kinder zulassen. Das Sozialamt kann den antragstellenden Elternteil oder auch dessen Kinder zur Vorlage von z. B. Gehaltsnachweisen auffordern.

Entsteht der Unterhaltsanspruch eines Elternteils gegenüber einem seiner Kinder nur, weil ein Geschwisterteil über 100.000 € erzielt und deswegen dem Elternteil keine Grundsicherung gewährt wird, dann wird im Rahmen der Unterhaltsberechnung fiktiv unterstellt, dass der Elternteil Grundsicherung erhält.

Die Gewährung von Grundsicherung führt wegen der hohen Kosten bei Heimunterbringung jedoch immer nur zu einer geringen Unterhaltsentlastung.

e) Unterhaltsansprüche gegen (Ex-)Ehegatten

Leben die Eltern getrennt oder sind sie bereits geschieden, muss überprüft werden, ob der (Ex-)Ehegatte Unterhalt, sog. Ehegattenunterhalt, schuldet. Vor den Kindern haftet vorrangig immer zunächst der (Ex-)Ehegatte des bedürftigen Elternteils. Ob Unterhaltsansprüche tatsächlich bestehen, muss auch das Sozialamt überprüfen und diese ggf. gerichtlich geltend machen, bevor es sich an die Kinder wendet.

BEISPIEL:

Die 67-jährige Mutter lässt sich nach 45 Jahren scheiden. Weil sie zu stolz ist und nach einem jahrelangen Rosenkrieg endlich ihre Ruhe haben möchte, besteht sie nicht auf die Geltendmachung von Unterhalt gegen ihren Ehemann, obwohl sie weiß, dass ihre Rente nicht zur Deckung ihres Lebensunterhaltes reichen wird. 6 Monate nach der Scheidung beantragt sie Sozialhilfe.

Das Sozialamt muss sich zunächst an den Ex-Ehegatten halten und von ihm Unterhalt fordern, da auch **nach der Scheidung** Unterhaltansprüche für den bedürftigen Ehegatten bestehen können.

Im Rahmen einer Scheidung schließen die Ehegatten in der Regel eine sog. Scheidungsfolgenvereinbarung oder einen notariellen Ehevertrag ab, in welchen sie sich über sämtliche mit der Scheidung zusammenhängenden, finanziellen Streitigkeiten einigen. In einigen Fällen erklären die Ehegatten, dass sie wechselseitig auf Unterhaltsansprüche nach der Scheidung verzichten. Gibt ein Ehegatte solch einen Verzicht ab, obwohl zum Zeitpunkt der Abgabe der Verzichtserklärung bereits absehbar war, dass das Sozialamt in Anspruch genommen werden muss, ist dieser laut Rechtsprechung sittenwidrig und somit unwirksam. Das Sozialamt kann und muss die von den Ehegatten getroffene Vereinbarung nachträglich anfechten mit der Folge, dass der andere Ehegatte Unterhalt zahlen muss.

TIPP!

Das Sozialamt muss stets sämtliche Möglichkeiten ausschöpfen, um eigene Einkünfte des Unterhalt begehrenden Elternteils zu realisieren. Darauf ist das Sozialamt auch hinzuweisen, bevor es die Kinder in Anspruch nimmt.

f) Weiteres Einkommen

Wenn Eltern im Eigenheim wohnen, sparen sie Mietkosten. Die ersparten Mietkosten erhöhen als sog. geldwerter Vorteil (Wohnwert) ihr Einkommen. Dem Wohnwert entspricht in der Regel die am Markt erzielbare ortsübliche Miete.

Je höher der Wohnwert des Eigenheims, desto geringer die Bedürftigkeit der Eltern.

BEISPIEL:

Der verwitwete Vater hat ein Renteneinkommen von 950 € monatlich und lebt in seiner Eigentumswohnung. Würde er seine Wohnung vermieten, könnte er eine Miete von 500 € erzielen. Im Rahmen einer Unterhaltsberechnung wird er so behandelt, als würde er über ein Einkommen von 1.450 € verfügen (950 € Rente + 500 € Wohnwert).

Hohe Pflegekosten können als außergewöhnliche Belastung im Rahmen der Steuererklärung geltend gemacht werden. Ergibt sich daraus eine **Steuerrückerstattung**, so ist diese auch einkommenserhöhend anzusetzen. Der Steuerrückerstattungsbetrag wird dabei in zwölf Monatsbeträge umgerechnet.

2. Welches Vermögen muss verwertet werden?

Grundsätzlich müssen unterhaltsbedürftige Eltern ihr Vermögen, z. B. Bargeld, Wertpapiere, Sparguthaben, PKW sowie Immobilien, vollumfänglich verwerten (d. h. verkaufen), da das Vermögen nicht mehr zum Aufbau oder Erhalt einer eigenen Lebensstellung benötigt wird. Eine kleinere Geldreserve, der sog. **Notgroschen**, ist von der Verwertung jedoch ausgenommen. Der Notgroschen richtet sich nach dem sozialhilferechtlichen Schonvermögen und beträgt 5.000 € seit dem 1.4.2017. Ehegatten/Lebenspartner dürfen somit gemeinsam über 10.000 € Vermögen verfügen.

Von der Verwertung durch das Sozialamt ist auch ein **angemessenes Hausgrundstück** geschützt, wenn es vom Hilfebedürftigen ganz oder teilweise mit Angehörigen bewohnt wird und nach dessen Tod weiter von den Angehörigen bewohnt werden soll. Überschreitet das Einfamilienhaus oder die Eigentumswohnung die Grenze der Angemessenheit, bedeutet das nicht automatisch, dass das Eigenheim verkauft oder vermietet werden muss. Eine Vermietung ist nur zumutbar, wenn das Eigenheim über einen abgetrennten Bereich verfügt. Ein **Verkauf** ist auch nicht ohne Weiteres zumutbar, da das Grundgesetz das Eigentum besonders schützt. Ein Verkauf kann nur zugemutet werden, wenn der Verkauf wirtschaftlich sinnvoll ist, also zu keinem Verlust führt, und wenn auch entsprechender Ersatzwohnraum vorhanden ist.

Ziehen die Eltern ins Pflegeheim, besteht kein Grund mehr, das Eigenheim zu behalten. Jedoch muss auch in diesen Fällen geprüft werden, ob ein Verkauf im Hinblick auf die Höhe von noch offenen Darlehensverbindlichkeiten und erzielbarem Verkaufspreis tatsächlich wirtschaftlich sinnvoll ist.

Folgendes **weiteres Schonvermögen** ist z. B. ebenfalls geschützt:

- Vermögen, das aus öffentlichen Mitteln zum Aufbau oder zur Sicherung einer Lebensgrundlage oder zur Gründung eines Hausstandes erbracht wird (z. B. Darlehen und Beihilfen für Vertriebene und ehemalige Häftlinge, Aufbaudarlehen nach dem Lastenausgleichsgesetz etc.);
- Vermögen zur Anschaffung einer behinderten- oder pflegegerechten Wohnung; den Nachweis, dass das Vermögen zweckgebunden ist, erbringt man, indem man z. B. bereits existierende Kaufvertragsentwürfe vorlegt;
- angemessener Hausrat, mit Ausnahme von Luxusgegenständen;
- Familien- und Erbstücke, soweit deren Veräußerung eine besondere Härte bedeuten würde;
- Vorsorgekapital, wie z. B. die Riester- bzw. Rürup-Rente.

Nicht aufgezehrt werden muss eine zweckgebundene Rücklage für Bestattung und Grabpflegekosten. Hat der Unterhaltsberechtigte einen angemessenen Betrag in einen Beerdigungs- und Grabpflegevertrag investiert, darf der Sozialhilfeträger nicht auf die Verwertung dieses Vermögens verweisen. Im Umkehrschluss bedeutet dies für die unterhaltspflichtigen Kinder jedoch, dass sie früher zur Kasse gebeten werden.

TIPP!

Grundsätzlich muss der Erbe die Beerdigungskosten tragen. Ist ein Elternteil der Sozialhilfe anheimgefallen, werden die Kinder als gesetzliche oder testamentarische Erben die Erbschaft mangels Vermögens in der Regel ausschlagen. Dann werden sie auch von der Verpflichtung der Beerdigungskosten frei.

In den Fällen, in denen absehbar ist, dass die Kinder ihre Eltern wegen Vermögenslosigkeit nicht beerben wollen, kann gegen den Ansatz der Sterbevorsorge als Schonvermögen gegenüber dem Sozialamt argumentiert werden, dass die Sterbevorsorge in § 90 SGB XII ausdrücklich nicht enthalten ist und dass unterhaltsrechtlich kein Bedarf nach einer Schonung des Vermögens zur Sterbevorsorge besteht.

3. Ansprüche gegen Dritte

Grundsätzlich sind Eltern (bzw. das Sozialamt) verpflichtet, sämtliche Vermögensvorteile zu nutzen, d. h. auch Forderungen gegenüber Dritten durchzusetzen, bevor eine Bedürftigkeit eintritt. Die wichtigsten Ansprüche werden im Folgenden dargestellt.

TIPP!

Hier ist unbedingt Rechtsrat einzuholen, um im Einzelfall überprüfen zu können, ob Ansprüche gegen Dritte bestehen und erfolgreich durchgesetzt werden können.

a) Wohn- und Nießbrauchsrecht

Wohn- und Nießbrauchsrechte spielen nicht nur bei den Einkünften der Eltern eine Rolle, sondern auch bei der Frage, ob diese Rechte verwertbares Vermögen der Eltern darstellen. Wenn Eltern Immobilien auf andere Personen übertragen, behalten sie sich oft ein Wohn- oder Nießbrauchsrecht als Gegenleistung vor, um wirtschaftlich über die Immobilie noch verfügen zu können.

➔ **Definition Wohnrecht**: Mit Einräumung eines Wohnrechts hat der Berechtigte das Recht, ein Gebäude oder einen Teil eines Gebäudes unter Ausschluss des Eigentümers als Wohnung zu nutzen (darf sie aber nicht weitervermieten).

➔ **Definition Nießbrauch:** Die Einräumung eines Nießbrauchsrechts hat zur Folge, dass der Nießbrauchsberechtigte das Recht erhält, die Sache zu nutzen, also z. B. weiterzuvermieten, und die Erträge, z. B. Miete, einzubehalten. Der Eigentümer der Immobilie kann folglich die Immobilie wirtschaftlich nicht nutzen. Der Nießbrauch an einem Grundstück bedarf der notariellen Beurkundung und wird im Grundbuch eingetragen.

Beim **Wohnrecht** stellt sich die Frage, was mit diesem passiert, wenn es die Eltern aufgrund ihres gesundheitlichen Zustandes nicht mehr ausüben können, z. B. weil sie ins Pflegeheim umziehen müssen. Das Wohnrecht, welches üblicherweise lebenslang eingeräumt wird, erlischt nicht automatisch, wenn ein Elternteil (dauerhaft) ins Pflegeheim muss, es sei denn, es wurde zwischen Eltern und Kind etwas anderes vereinbart. Derjenige, der das Wohnrecht gewährt hat (in der Regel das Kind), ist auch nicht verpflichtet, die Wohnung zu vermieten oder dem Wohnberechtigten als Ausgleich dafür, dass er das Wohnrecht nicht ausüben kann, eine monatliche Geldrente zu bezahlen. Das Wohnrecht ist ein **höchstpersönliches Recht** und kann nicht auf den Sozialhilfeträger übergeleitet werden. Das bedeutet, dass der Sozialhilfeträger das Wohnrecht nicht selbst ausüben kann. Das Wohnungsrecht ist als höchstpersönliches Recht **nicht** kapitalisierbar.

Beim **Nießbrauch stellen** sich viele Sozialämter auf den Standpunkt, dass sich der Eigentümer (in der Regel das Kind) um eine Vermietung der mit Nießbrauch belasteten Wohnung/Immobilie kümmern und die Mieteinnahmen an den Nießbrauchsberechtigten (also seinem Elternteil) abführen muss.

Auf eine solche Forderung des Sozialamts muss nicht eingegangen werden! Es ist allein Sache des nießbrauchsberechtigten Elternteils, ob er die Wohnung/Immobilie vermieten will oder nicht.

TIPP!

Lassen Sie sich rechtlich beraten!

Wurde die Wohnung vom nießbrauchsberechtigten Elternteil hingegen weitervermietet, sind die bezogenen Mieten an den Elternteil abzuführen.

Die **beiden Nutzungsrechte** haben einen wirtschaftlichen Wert, der in der Praxis von Sachverständigen nach gewissen Bewertungsvorschriften ermittelt wird. Das Sozialamt versucht häufig, den wirtschaftlichen Wert (d. h. den errechneten Betrag) gegenüber den unterhaltspflichtigen Kindern einzufordern.

Auf diese Forderung muss ebenfalls nicht eingegangen werden!

TIPP!

Lassen Sie sich rechtlich beraten!

b) Rückforderung von Schenkungen

Hat ein Elternteil innerhalb der letzten 10 Jahre etwas verschenkt, so kann er die Rückforderung des Geschenks verlangen, wenn er verarmt ist. Der Beschenkte kann die Herausgabe des Geschenks abwenden, indem er den für den Unterhalt des bedürftigen Elternteils erforderlichen Betrag bezahlt. Der Betrag ist jedoch nur solange zu bezahlen, bis der Wert der Schenkung erschöpft ist.

BEISPIEL:

Der unterhaltsberechtigte Elternteil hat seinem Kind 15.000 € geschenkt. Für den Unterhalt benötigt der Elternteil 1.500 € monatlich. Die Zahlung muss somit maximal für 10 Monate erfolgen.

Bei Immobilienübergaben von Eltern an die Kinder sehen die Verträge oft Vereinbarungen zu Gunsten der Eltern vor, z.B. die Einräumung eines Wohn- oder Nießbrauchsrechts oder die Übernahme von Pflegeverpflichtungen oder Rentenzahlungen. Diese vereinbarten Gegenleistungen, die die Kinder zu erbringen haben, mindern den Wert des Geschenks. Bei solchen sog. **gemischten Schenkungen** muss der Wert des unentgeltlichen (geschenkten) und des entgeltlichen (die Gegenrechte) Teils bestimmt werden. Nur der unentgeltliche Teil stellt den Wert der Schenkung dar.

TIPP!

Die Übertragung von Immobilieneigentum auf die Kinder kann weitreichende rechtliche und steuerliche Folgen nach sich ziehen. Eltern und Kinder sollten sich aus diesem Grund vorab unbedingt anwaltlich und steuerrechtlich beraten lassen, um für beide Seiten negative (steuer-)rechtliche Folgen zu vermeiden!

Hat der Schenker seiner Bedürftigkeit vorsätzlich oder grob fahrlässig herbeigeführt, indem er z.B. sein Geld im Casino verspielt hat, hat er **keinen Rückforderungsanspruch** mehr.

Dasselbe gilt, wenn seit der Schenkung **10 Jahre** verstrichen sind.

Die Rückforderung ist auch dann ausgeschlossen, wenn der Beschenkte nicht im Stande ist, seinen **standesgemäßen Unterhalt** und den Unterhalt seiner Familie zu erfüllen. Die bloße Gefährdung des Unterhaltes reicht dabei aus.

Wird eine Immobilie vom Beschenkten als **Familienheim** genutzt, kann eine Rückübertragung oder Veräußerung nicht verlangt werden.

Den **Ausschluss der Rückforderung** muss der Beschenkte gegenüber dem Sozialamt geltend machen und nachweisen. Die Behörde prüft von sich aus nicht, ob der Beschenkte seinen eigenen oder den Unterhalt seiner Familie decken kann.

Nach Ablauf der 10-Jahresfrist kann die Rückforderung ausgeschlossen sein. Das geschenkte Vermögen kann jedoch im Rahmen der Berechnung der Unterhaltsansprüche als einzusetzendes Vermögen des unterhaltspflichtigen Kindes angesehen werden (siehe S. 25ff.).

TIPP!

Bei verschenktem Immobilienvermögen kann an eine Weiterübertragung an den Ehegatten des Kindes gedacht werden, da Schwiegerkinder keinen Unterhalt zahlen müssen. Hierzu ist dringend vorab juristischer Rat einzuholen!

5. Kapitel: LEISTUNGSFÄHIGKEIT – Ab wann haften Kinder für ihre Eltern?

Nur wenn die auf Unterhalt in Anspruch genommenen Kinder überhaupt in der Lage sind, Unterhaltszahlungen zu leisten, also leistungsfähig sind, haften sie für den Unterhaltsbedarf der Eltern. Zur Ermittlung der Leistungsfähigkeit wird zunächst das Einkommen* und Vermögen des Kindes zu Grunde gelegt. Dann können noch verschiedenen Posten abgezogen werden, siehe S. 22 ff.

Dabei stellt sich folgende Frage: Inwieweit müssen die Kinder ihren eigenen Lebensstandard zurückschrauben, um den Elternunterhalt erbringen zu können?

Es gilt der Grundsatz, dass elternunterhaltspflichtige Kinder **keine dauerhafte und spürbare Senkung ihrer Lebensführung hinnehmen** müssen, soweit sie nicht ein Luxusleben führen, sog. Lebensstandardgarantie.

1. Was zählt alles zum Einkommen?

In der Regel fließen sämtliche Einkünfte in die Bestimmung des unterhaltsrechtlich relevanten Einkommens ein. Folgende Einnahmen werden zur Bestimmung des unterhaltsrechtlich relevanten Einkommens herangezogen (Näheres siehe die folgenden Seiten):

- Einkünfte aus nichtselbständiger Tätigkeit
- Einkünfte aus selbständiger Tätigkeit
- Einkünfte aus Kapitalvermögen
- Einkünfte aus Vermietung und Verpachtung
- Renteneinkünfte
- Einkünfte mit Lohnersatzfunktion (Arbeitslosengeld und Krankengeld)
- Sonderzahlungen (Weihnachts- und Urlaubsgeld, Jubiläumszahlungen, Tantiemen, Abfindungen)
- Steuererstattungen
- Nutzungsvorteile eines Firmen- oder Dienstwagens
- Naturalvergütungen (verbilligte Werkswohnung, kostenfreies Kantinenessen etc.)
- Aufwandsentschädigungen
- Wohnwert der eigenen Immobilie (welcher sich nach den unterhaltsrechtlichen Grundsätzen bestimmt).

Arbeitslosengeld II ist eine subsidiäre Sozialleistung und damit kein unterhaltsrechtlich relevantes Einkommen.

a) Erwerbseinkommen

aa) Nichtselbständige Tätigkeit

Bei Nichtselbständigen wird zur Ermittlung des unterhaltsrechtlich relevanten Einkommens das Durchschnittseinkommen der letzten zwölf Monate zugrunde gelegt, damit auch Sonderzahlungen (z. B. Weihnachts- und Urlaubsgeld, Tantieme) erfasst werden.

Hat das unterhaltspflichtige Kind im Laufe eines Jahres eine Gehaltserhöhung bekommen, macht es keinen Sinn, wenn der Unterhalt für die Zukunft berechnet werden soll, die letzten zwölf Monate zugrunde zu legen. Auf Grundlage des erhöhten Gehaltes ist eine Hochrechnung für einen Jahreszeitraum vorzunehmen.

BEISPIEL:

Das unterhaltspflichtige Kind hat von Januar bis August monatlich 2.200 € netto verdient. Ab September erhält es eine Gehaltserhöhung und verdient 2.400 € monatlich. Um das Durchschnitteinkommen eines Jahres zu ermitteln, wird nun auf die Gehaltserhöhung und damit auf die 2.400 € abgestellt.

Sonderleistungen werden ebenfalls berücksichtigt. Wird dem Unterhaltspflichtigen vom Arbeitgeber ein Dienstwagen zur Verfügung gestellt, ist der private Nutzungsvorteil seinem Einkommen zuzurechnen, da der Arbeitnehmer sich dadurch private Ausgaben erspart. Der private Nutzungsvorteil wird geschätzt. Je nach Größe und Ausstattung des Dienstwagens setzen die Gerichte einen privaten Nutzungsvorteil von 250 € bis 500 € monatlich an.

Spesen für Fahrtkosten bei Dienstreisen, Verpflegung und Übernachtung etc. werden in der Regel zu 1/3 der Nettobeträge als Einkommen angesetzt,

* Bitte beachten Sie die Ausführungen auf Seite 36/37. Wenn der Unterhaltsanspruch der Eltern auf das Sozialamt übergegangen ist, dann müssen sich die Kinder an den Pflegekosten nur beteiligen, wenn sie über ein Bruttoeinkommen von über 100.000 Euro jährlich verfügen.

wenn nicht dargelegt wird, dass sie durch die tatsächlichen Aufwendungen voll aufgezehrt sind. Der Grund hierfür liegt darin, dass die Erstattung von Spesen auch eine Ersparnis beinhaltet, da der Arbeitnehmer Aufwendungen zu Hause vermeidet. Werden die Spesen komplett für die Dienstreise verbraucht bzw. übersteigen die tatsächlichen Aufwendungen die Spesen, werden die Spesen nicht als Einkommen angesetzt bzw. können die höheren Aufwendungen vom Einkommen abgezogen werden.

TIPP!

Wer geltend machen möchte, dass die Spesen komplett verbraucht wurden bzw. die tatsächlichen Kosten die Spesen übersteigen, muss dies durch Vorlage von Belegen (Bewirtungsbelege, Tankbelege, Hotelrechnungen etc.) nachweisen.

Abfindungen haben bei Verlust des Arbeitsplatzes grundsätzlich Lohnersatzfunktion. Sie sollen zu Gunsten des Unterhaltspflichtigen einen vorübergehenden Einkommensrückgang auffangen. Abfindungen sind je nach Höhe auf einen angemessenen Zeitraum zu verteilen, bis die Abfindung verbraucht wird. Sie wird zum Arbeitslosengeld dazugerechnet.

Überstunden zählen voll zum Einkommen, wenn sie nur in geringem Umfang anfallen, d. h. weniger als 10 % der Monatsarbeitszeit ausmachen, berufstypisch sind (z. B. bei Ärzten) oder das übliche Maß nicht übersteigen. Geht die Überstundenvergütung über das übliche Maß hinaus, wird in der Regel lediglich 1/3 hiervon dem Einkommen zugerechnet.

Arbeitet das unterhaltspflichtige Kind nur in **Teilzeit**, wird das Einkommen aus der Teilzeittätigkeit für den Unterhalt herangezogen. Im Rahmen des (hier nicht dargestellten) Kindes- und ggf. des Ehegattenunterhaltes besteht die Obliegenheit der Ausweitung der Teil- auf eine Vollzeittätigkeit, nicht aber beim Elternunterhalt: Eine Ausweitung der Teilzeittätigkeit kann wegen des schwach ausgeprägten Elternunterhaltsanspruchs nicht gefordert werden. Weiter kann ein nicht erwerbstätiges Kind zur Aufnahme einer Erwerbstätigkeit zur Deckung des Elternunterhaltes nicht gezwungen werden.

Sozialämter übertragen manchmal die im Kindes- und Ehegattenunterhalt bestehende Obliegenheit auf den Elternunterhalt – fälschlicherweise!

Befindet sich das unterhaltspflichtige Kind bei Bekanntwerden der Unterhaltsverpflichtung bereits in **Altersteilzeit** bzw. war zu diesem Zeitpunkt der Altersteilzeitvertrag bereits abgeschlossen, ist dies vom unterhaltsberechtigten Elternteil bzw. dem Sozialamt hinzunehmen. Problematisch sind die Fälle, in denen sich das unterhaltspflichtige Kind **nach Bekanntwerden** der Unterhaltsverpflichtung entschließt, in Altersteilzeit zu gehen. Liegen keine triftigen Gründe vor, z. B. Krankheit, familiäre oder betriebliche Gründe, wird die Einkommensreduzierung nicht hingenommen werden können. Das hat zur Folge, dass das unterhaltspflichtige Kind, trotz geringerer Einkünfte wegen der Altersteilzeit, im Rahmen der Unterhaltsberechnung so gestellt wird, als beziehe es noch sein reguläres Gehalt.

Die Gründe für die Inanspruchnahme von Altersteilzeit **nach** Kenntnis der Unterhaltsverpflichtung müssen durch Vorlage von z. B. ärztlichen Attesten, Stellungnahmen des Arbeitgebers etc. nachgewiesen werden.

bb) Selbständige Tätigkeit

Selbständige haben sog. Gewinneinkünfte oder Einkünfte aus Gewerbebetrieb. Wegen der bei Selbständigen typischerweise auftretenden Schwankungen bei den Einkünften wird in der Regel der Durchschnitt der letzten drei Jahre, im Einzelfall auch fünf Jahre, zugrunde gelegt. Oft werden in den Betriebsausgaben „private Ausgabenpositionen" berücksichtigt, wie Kfz-, Telefon-, Bewirtungs-, Reise- und Personalkosten, verdeckte Privatentnahmen, Abschreibungen auf Anlagevermögen und Rückstellungen. Diese werden genau überprüft, da „private Ausgabenpositionen" den Gewinn nicht mindern dürfen. Sie werden im Rahmen einer Unterhaltsberechnung so behandelt, als wären sie gar nicht angefallen. Die Nichtberücksichtigung wirkt sich im Rahmen einer Unterhaltsberechnung gewinn- und damit einkommenserhöhend aus.

BEISPIEL:

Aus der Gewinn- und Verlustrechnung eines Selbständigen ergibt sich ein zu versteuernder Gewinn von 40.000 €. Durch private Ausgaben, die als Betriebsausgaben deklariert wurden, wurde der Gewinn um 5.000 € vermindert. Im Rahmen der Unterhaltsberechnung wird deswegen von einem zu versteuernden Gewinn von 45.000 € ausgegangen.

Das steuerliche Einkommen kann sich somit von im Unterhaltsrecht heranzuziehenden Einkommen unterscheiden.

b) Sonstige Einkünfte

Bei **Kapitaleinkünften/Einkünften aus Vermietung und Verpachtung** wird ebenfalls der Durchschnitt der letzten drei Jahre herangezogen. Früher konnte die Höhe der Kapitaleinkünfte aus dem Einkommensteuerbescheid abgelesen werden. Mit der Einführung der Abgeltungssteuer zum 1.1.2009 ist dies nicht mehr möglich. Kapitalerträge, die den Sparer-Pauschbetrag übersteigen, von denen dann die Abgeltungsteuer einbehalten wird, müssen nicht mehr in der Einkommensteuererklärung angegeben werden, falls auch auf die Erträge entfallende Kirchensteuer bereits von der Bank einbehalten wird. Für die Ermittlung von Kapitaleinkünften ist deswegen auf die von den Banken ausgestellten Jahresbescheinigungen abzustellen.

Zur Ermittlung der Gewinneinkünfte aus Vermietung und Verpachtung sind Werbungskosten abzuziehen, also Ausgaben, die dem Erwerb, der Sicherung und Erhaltung der Einnahmequelle dienen. Bei Einkünften aus Vermietung und Verpachtung sind das typischerweise Ausgaben für die Zinsen eines Darlehens und eine Instandhaltungsrücklage. Der in der Steuererklärung angegebene Gewinn bei Einkünften aus Vermietung und Verpachtung ist in der Regel nicht identisch mit dem im Unterhalt anzusetzenden Gewinn.

c) Wohnwert

Wohnt das unterhaltspflichtige Kind im **Eigenheim**, erspart es sich Mietkosten. Die Mietersparnis erhöht als sog. geldwerter Vorteil das Einkommen. Im Gegensatz zu den unterhaltsberechtigten Eltern muss sich das unterhaltspflichtige Kind nicht die übliche Marktmiete zurechnen lassen. Im Elternunterhalt gilt der Grundsatz, dass der angemessene Wohnwert an den konkreten Lebens- und Einkommensverhältnissen des unterhaltspflichtigen Kindes auszurichten ist. Die Zurechnung des Wohnwerts darf nicht an Hand eines pauschalen Ansatzes erfolgen.

Sozialämter legen z. B. als Maßstab für den angemessenen Wohnwert eine Quote von 33 % des Einkommens des unterhaltspflichtigen Kindes an. Dies ist jedoch nicht zulässig!

Bei der Berechnung der ersparten Miete und damit des Wohnwerts sind nur die nicht auf einen Mieter umlegbaren Nebenkosten (z. B. Verwaltungs- und Instandhaltungskosten) abzugsfähig. Verbrauchsabhängige Kosten wie Strom, Wasser etc. sind jedoch nicht abzugsfähig. Die für das Eigenheim aufgenommen Belastungen in Form von Zins- und Tilgungsleistungen sind in voller Höhe vom Wohnwert abzuziehen. Bei der Berechnung des Wohnvorteils auf Seiten des unterhaltspflichtigen Kindes ist zu beachten, dass der Wohnvorteil nur ein Rechnungsposten ist. Würde man die Abziehbarkeit von Tilgungsleistungen verneinen, könnte der Unterhaltspflichtige gezwungen sein, das Eigenheim zu verkaufen, weil er nicht gleichzeitig Elternunterhalt und Tilgungsleistungen aufbringen könnte. Der Unterhaltspflichtige darf jedoch im Rahmen des Elternunterhaltes **niemals zum Verkauf seines Eigenheimes gezwungen** werden.

BEISPIEL:

Das unterhaltspflichtige Kind hat ein durchschnittliches monatliches Nettoeinkommen von 1.800 €. Daneben wohnt es in seiner bereits abbezahlten Eigentumswohnung. Der Wohnwert beträgt 600 €. Nach unterhaltsrechtlichen Grundsätzen verfügt das unterhaltspflichtige Kind im Rahmen einer Unterhaltsberechnung über 2.400 € monatlich.

Das sich aus dem Steuerbescheid ergebende Einkommen und das im Rahmen einer Unterhaltsberechnung zugrunde gelegte Einkommen ist in den allermeisten Fällen nicht identisch! Die Ermittlung und Berechnung des unterhaltsrechtlich relevanten Einkommens sollte von einem versierten Fachanwalt für Familienrecht vorgenommen werden.

2. Welche Abzüge dürfen Kinder vornehmen?

Für die Berechnung von Unterhaltszahlungen kommt es auf das sog. **bereinigte Nettoeinkommen** an. Das bereinigte Nettoeinkommen wird gebildet, indem vom Bruttoeinkommen unterhaltsrechtlich relevante Abzüge erfolgen.

Vom Bruttoeinkommen sind folgende **Positionen abzuziehen**:

- öffentlich-rechtliche Abgaben (Steuern)
- Altersvorsorgeleistungen
- Vorsorgeaufwendungen (Aufwendungen zur Kranken-, Pflege- und Arbeitslosenversicherung)
- Schulden, soweit sie nach unterhaltsrechtlichen Grundsätzen berücksichtigungsfähig sind
- vorrangige Unterhaltsverpflichtungen
- berufsbedingte Aufwendungen (Pauschale in Höhe von 5 % des Nettoeinkommens; höhere Aufwendungen als die Pauschale müssen konkret nachgewiesen werden)

- Fahrtkosten für Heimbesuche
- Ausgaben für die unterhaltsberechtigten Eltern.

Auf die wichtigsten Abzüge wird nachfolgend näher eingegangen:

a) Altersvorsorge

Jeder hat einen Anspruch darauf, für sein Alter entsprechend seinem Einkommen adäquat versorgt zu sein. Abzugsposten sind stets die Beiträge zur gesetzlichen Rentenversicherung. Die höchstrichterliche Rechtsprechung gesteht Nichtselbständigen darüber hinaus als zweite Säule der Altersvorsorge noch weitere 5 % des Bruttoerwerbseinkommens zu, um diese für die Altersversorgung zu verwenden. Hintergrund der Rechtsprechung ist, dass die Leistungen aus der gesetzlichen Rentenversicherung nicht ausreichen werden, um den Lebensunterhalt im Alter zu decken. Als Zusatzversorgung kommen private Lebensversicherungen, Riesterrente, Direktversicherungen, Zusatzversorgungen im öffentlichen Dienst, Sparguthaben, Bausparverträge, Tilgung von Immobilienschulden etc. in Betracht. Ein Selbständiger darf bis zu 25 % seines jährlichen Bruttoeinkommens für die Altersversorgung einsetzen.

Die Zahlungen müssen auch tatsächlich erbracht werden. Man kann nicht fiktiv vom Einkommen Abzüge für die Altersversorgung abziehen, wenn tatsächlich keine Altersvorsorge betrieben wird.

TIPP!

Auch noch **nach** Bekanntwerden der Unterhaltsverpflichtung gegenüber den Eltern kann mit dem Aufbau einer zusätzlichen Altersversorgung begonnen werden!

b) Kranken- und Pflegevorsorge

Nichtselbständige können die Beiträge zur **gesetzlichen Kranken- und Pflegeversicherung**, Selbständige die Beiträge zur privaten Kranken- und Pflegeversicherung von sich und von Familienmitgliedern einkommensmindernd ansetzen. Gesetzlich Versicherte können sogar eine private **Zusatzkrankenversicherung** für sich und die Familienmitglieder einkommensmindernd absetzen. **Zuzahlungen** zu Medikamenten und Anwendungen können bei chronischen Erkrankungen und wenn sie unvermeidbar sind ebenfalls vom Einkommen abgezogen werden.

c) Berücksichtigungsfähige Schulden

Wurden Schulden **vor** Bekanntwerden der Unterhaltsverpflichtung aufgenommen, so sind sie generell zu berücksichtigen, z. B. auch die Leasingraten für einen PKW. Macht das Sozialamt den Unterhalt geltend, wird für das Bekanntwerden auf die Rechtswahrungsanzeige abgestellt, die das Sozialamt dem Kind schickt, siehe S. 36.

Vorsicht ist jedoch geboten, wenn **nach** Bekanntwerden der Unterhaltsverpflichtung Kreditverpflichtungen eingegangen werden. Sie können nur berücksichtigt werden, wenn für die Aufnahme ein vernünftiger Grund vorliegt und die Verbindlichkeit im Einklang mit dem bisherigen Lebenszuschnitt des Unterhaltspflichtigen zu bringen ist. Kreditverpflichtungen, die dazu dienen, unterhaltsrechtlich anzuerkennende Verpflichtungen zu erfüllen, z. B. Einbau einer neuen Heizungsanlage im Eigenheim, sind in jedem Fall berücksichtigungsfähig.

Sind neue Schulden nicht berücksichtigungsfähig, hat dies folgenschwere finanzielle Folgen, denn das unterhaltspflichtige Kind darf die Schulden nicht einkommensmindernd ansetzen. Der für den Elternunterhalt aufzubringende Betrag erhöht sich mangels Schuldenabzugs. Im Ergebnis steht dem Unterhaltspflichtigen wegen des erhöhten Unterhaltsbetrages und der Verbindlichkeit viel weniger von seinem Einkommen zur Verfügung.

Nach Bekanntwerden der Unterhaltsverpflichtung sollte die Aufnahme von Kreditverbindlichkeiten nicht ohne juristischen Rat erfolgen!

TIPP!

Dem Schwiegerkind bleibt es unbenommen, auch nach Bekanntwerden der Unterhaltsverpflichtung seines Ehegatten, Kreditverbindlichkeiten einzugehen, die es aus seinem eigenen Einkommen finanziert.

d) Vorrangige Unterhaltsverpflichtungen

Unterhaltsansprüche von Kindern und (Ex-)Ehegatten/Lebenspartnern werden immer vor Berechnung des Unterhaltes der Eltern vom Einkommen abgezogen, da deren Unterhaltsansprüche **vorrangig** zu bedienen sind.

Die gesetzliche Rangfolge bei Unterhaltsansprüchen bestimmt sich wie folgt:

Erster Rang: minderjährige unverheiratete Kinder und volljährige unverheiratete Kinder bis zur Vollendung des 21. Lebensjahres, die sich noch in der Schulausbildung befinden und im Haushalt der Eltern/eines Elternteils leben (Schüler)

Zweiter Rang: Elternteile, die wegen der Betreuung eines Kindes unterhaltsberechtigt sind (ohne dass es dabei darauf ankommt, ob die Eltern je verheiratet waren) und (Ex-)Ehegatten bei einer Ehe von langer Dauer; bei der Feststellung einer Ehe von langer Dauer sind ehebedingte Nachteile als weitere Aspekte wertend heranzuziehen.

Lebt ein Unterhaltspflichtiger in nichtehelicher Lebensgemeinschaft und sind gemeinsame Kinder vorhanden, so hat die nichteheliche Mutter, soweit sie keiner Erwerbstätigkeit nachgeht, gegen den Kindsvater einen Unterhaltsanspruch und zwar mindestens bis zum dritten Lebensjahr eines Kindes. Den Unterhaltsanspruch der nichtehelichen Mutter kann der Unterhaltspflichtige von seinem Einkommen im Rahmen des Elternunterhaltes abziehen.

Dritter Rang: Ehegatten, die nicht unter Rang zwei fallen

Vierter Rang: Volljährige Kinder, die nicht unter den ersten Rang fallen, z. B. Studenten (bis zum Abschluss des Studiums), Auszubildende

Fünfter Rang: Enkelkinder und weitere Abkömmlinge

Sechster Rang: Eltern

Siebter Rang: Weitere Verwandte in aufsteigender Linie

Der Unterhaltsanspruch muss jedoch tatsächlich bestehen. Freiwillige Zahlungen an nicht mehr unterhaltsbedürftige Kinder oder (Ex-)Ehegatten können nicht vom Einkommen abgezogen werden. Der Kindesunterhalt bestimmt sich nach der sog. Düsseldorfer Tabelle. Von den Tabellenbeträgen sind jedoch nur die Kosten des normalen Bedarfs abgedeckt. Kosten einer privaten Krankenversicherung für die Kinder sind zusätzlich abzuziehen. Extraausgaben wie Nachhilfeunterricht, Kieferorthopädiekosten, Musikunterricht etc. können ebenfalls abgezogen werden.

e) Fahrtkosten für (Heim-)Besuche

Das unterhaltspflichtige Kind kann Fahrtkosten für die Besuche seines Elternteils von seinem Einkommen abziehen. Die Gerichte akzeptieren den Abzug, da die Besuche der Aufrechterhaltung der familiären Beziehung dienen. Die Besuche entsprechen dem wechselseitigen Bedürfnis auf Pflege der familiären Verbundenheit. Fahrtkosten werden mit 0,30 € pro gefahrenem Kilometer angesetzt, ab dem 31. Kilometer (einfache Fahrt) kann eine Kürzung auf 0,20 € pro gefahrenem Kilometer in Betracht kommen.

Bei den Fahrtkosten gibt es regionale Unterschiede. In den unterhaltsrechtlichen Leitlinien der jeweiligen Oberlandesgerichte können die Beträge eingesehen werden.

TIPP!

Die unterhaltsrechtlichen Leitlinien regeln nicht nur die Fahrtkosten, sondern auch, wie viel Unterhalt entsprechend den Einkommensverhältnissen ein Unterhaltspflichtiger zu zahlen hat und wie viel ihm mindestens zum Leben verbleiben muss.

f) Ausgaben für die unterhaltsberechtigten Eltern

Übernehmen die unterhaltspflichtigen Kinder freiwillig zusätzliche Ausgaben für ihre im Pflegeheim wohnenden Eltern, wie z. B. Fernsehgebühren, zusätzliche Kleidung, Geschenke für Verwandte etc., können diese Ausgaben unterhaltsmindernd vom unterhaltspflichtigen Kind geltend gemacht werden.

Damit das Sozialamt diese Ausgaben akzeptiert, müssen diese detailliert, am besten durch Vorlage von Rechnungen, Quittungen, Kontoauszügen etc. nachgewiesen werden.

3. Selbstbehalt – Was darf vom Einkommen für die Kinder übrigbleiben?

In der Düsseldorfer Tabelle findet sich auch der sog. **Mindestselbstbehalt**. So wird der Betrag genannt, der jedem Unterhaltspflichtigen zum Bestreiten seines eigenen Lebensunterhaltes zusteht und auch verbleiben muss. Der Mindestselbstbehalt darf nicht unterschritten werden.

TIPP!

Im Internet ist die vollständige und jeweils aktuelle Düsseldorfer Tabelle unter https://www.olg-duesseldorf.nrw.de/infos/Duesseldorfer_Tabelle/index.php zu finden.

Der Mindestselbstbehalt des alleinstehenden, unverheirateten Kindes gegenüber seinen Eltern beträgt derzeit mindestens 2.000 € monatlich. In diesem

Betrag sind Kosten für die Warmmiete in Höhe von 700 € enthalten. Bei höheren Wohnkosten kann sich der Selbstbehalt entsprechend erhöhen. Dem Ehegatten des Unterhaltspflichtigen steht ein angemessener Selbstbehalt nach den ehelichen Lebensverhältnissen (Halbteilungsgrundsatz) zu, mindestens jedoch 1.600 € einschließlich 600 € Warmmiete. Der Familienselbstbehalt beträgt somit 3.600 €.

Die aktuelle Düsseldorfer Tabelle 2020 hat das Angehörigen-Entlastungsgesetz nicht berücksichtigt. Es ist somit davon auszugehen, dass der Selbstbehalt noch stärker angehoben wird!

Lebt ein unterhaltspflichtiges Kind in nichtehelicher Lebensgemeinschaft, kann es sich **nicht** auf den Familienselbstbehalt berufen! Dieser ist verheirateten Paaren vorbehalten.

Übersteigen die Mietkosten die im Selbstbehalt vorgesehen Kosten, ist der Selbstbehalt um die Differenz aufzustocken.

BEISPIEL:

Das unterhaltspflichtige Kind hat eine Warmmiete von 800 € zu bezahlen. Die Differenz zwischen tatsächlichen Mietkosten und im Selbstbehalt enthaltene Mietkosten beträgt 100 € (800 € – 700 €). Der Selbstbehalt des unterhaltspflichtigen Kindes erhöht sich somit auf 1.900 €.

Sind die tatsächlichen Mietkosten geringer als die in den Selbstbehaltssätzen vorgesehenen Kosten, erfolgt hingegen keine Kürzung des Selbstbehaltes.

Vom ermittelten unterhaltsrechtlich relevanten Einkommen wird der entsprechende **Mindestselbstbehalt** abgezogen.

Vom verbleibenden Betrag muss nur die Hälfte für den Elternunterhalt eingesetzt werden!

BEISPIEL:

Das unterhaltsrechtliche relevante Einkommen des unverheirateten Kindes beträgt 2.500 €. Zieht man den Selbstbehalt von 2.000 € ab, verbleiben 500 €. 50 % hiervon, d. h. 250 €, stehen für den Elternunterhalt zur Verfügung.

Bei den Selbstbehaltssätzen handelt es sich um Mindestsätze, welche von den Familiengerichten in Gerichtsverfahren individuell erhöht werden können. Der konkrete Selbstbehalt ist vom „sozialen Rang" des unterhaltspflichtigen Kindes abhängig. Die höchstrichterliche Rechtsprechung besagt, dass das wegen Elternunterhalt in Anspruch genommene Kind eine spürbare und dauerhafte Senkung seines Lebensstandards, soweit es sich nicht um ein Luxusleben handelt, nicht hinzunehmen braucht.

Mindestselbstbehaltssätze werden von manchen Sozialämtern als feststehende Sätze betrachtet! Dies muss bei guten Einkommensverhältnissen **nicht** hingenommen werden.

4. Muss Vermögen eingesetzt werden?

Grundsätzlich müssen unterhaltspflichtige Kinder nicht nur ihr Einkommen, sondern auch ihr Vermögen zur Bestreitung des Elternunterhaltes einsetzen. Vermögen muss jedoch nur eingesetzt werden, wenn das unterhaltspflichtige Kind über kein Einkommen verfügt bzw. das Einkommen nicht ausreicht, um den benötigen Fehlbetrag zwischen Pflegekosten und Einkommen der Eltern zu decken.

Unter **Vermögen** fallen z. B.

- Immobilien und Grundstücke
- Bank- und Sparguthaben
- Aktien und Wertpapiere
- Lebensversicherungen
- Schmuck, Antiquitäten etc.

Vermögensverwertung bedeutet, dass das unterhaltspflichtige Kind ggf. sein Vermögen z. B. belasten, verkaufen, versteigern oder umschichten muss.

a) Geschütztes Vermögen

Vom unterhaltspflichtigen Kind kann nicht die Verwertung seines gesamten Vermögens verlangt werden. Dem unterhaltspflichtigen Kind ist immer ein **Schonvermögen** als Kapitalreserve zu belassen. Dabei wird berücksichtigt, dass der Elternunterhaltsanspruch schwächer als andere Unterhaltsansprüche ausgestaltet ist, und die unterhaltspflichtigen Kinder wegen ihrer höheren Lebenserwartung für einen längeren Zeitraum mit Hilfe ihres Vermögens ihre eigene Altersvorsorge aufbauen und ihren eigenen und den Lebensbedarf der Familie absichern müssen. Grundsätzlich sollen Kinder ihren Lebensstandard wegen ihrer Eltern nicht einschränken müssen.

Besonderen Schutz genießt das selbstgenutzte **Eigenheim**. Dieses ist unantastbar. Das bedeutet, dass unterhaltspflichtige Kinder nicht zum Verkauf ihres selbstgenutzten Eigenheims gezwungen werden können, falls ihr Einkommen für den Unterhalt der Eltern nicht ausreicht. Gegenstände, die dem persönlichen oder beruflichen Gebrauch dienen, sind ebenfalls tabu. Wurden Rücklagen für die Anschaffung eines PKW, für Reparaturen oder Instandhaltung des selbstgenutzten Eigenheims oder zur Finanzierung des Studiums der Kinder gebildet, so dürfen diese Rücklagen nicht für die Berechnung des Elternunterhalts herangezogen werden.

Vermögen muss auch dann **nicht verwertet** werden, wenn dies rechtlich nicht möglich ist bzw. die Verwertung erhebliche Schwierigkeiten aufweist. Dies ist z. B. bei einem Nießbrauchsrecht der Fall, welches nicht kapitalisiert werden kann.

> **!** Einige Ehegatten besitzen neben der selbstgenutzten Immobilie auch fremdvermietete Wohnungen. Die Ehegatten sind dabei häufig Miteigentümer. Vom unterhaltspflichtigen Ehegatten kann in solch einem Fall nicht verlangt werden, dass er gegen den Willen des anderen Ehegatten seinen Miteigentumsanteil beleiht oder sogar die Teilungsversteigerung einleitet.

Wirft das Vermögen **Einkünfte** ab (z. B. eine vermietete Wohnung), die zur Erfüllung vorrangiger Unterhaltsansprüche, Verbindlichkeiten oder des eigenen Lebensbedarfs dienen, sind die Einkünfte ebenfalls vor Verwertung geschützt.

Vom Unterhaltspflichtigen kann zudem eine **offensichtlich unwirtschaftliche Vermögensverwertung nicht** verlangt werden. Es ist eine wirtschaftliche Betrachtungsweise vorzunehmen, die den Wert des zu verwertenden Vermögensgegenstandes und auch steuerliche Aspekte mit einbezieht. Werden durch den Verkauf von Firmenanteilen sog. stille Reserven aufgedeckt und führt dies zu einer erheblichen Besteuerung, ist die Verwertung unwirtschaftlich.

> **!** Wirtschaftlich nicht mehr vertretbare Nachteile muss das unterhaltspflichtige Kind nicht hinnehmen!

b) Altersvorsorgevermögen

Es ist höchstrichterlich entschieden, dass die **eigene Altersvorsorge** des unterhaltspflichtigen Kindes der Unterhaltsverpflichtung gegenüber den Eltern **vorgeht**. Der Unterhaltspflichtige darf nicht nur von seinem laufenden Bruttoeinkommen 5 % für die eigene, private Altersvorsorge abziehen, siehe S. 23. Er darf auch über das durch die Ansparung aufgebaute **Vermögen** verfügen, welches unangetastet bleibt, damit er im Alter davon leben kann.

> **!** Hat das unterhaltspflichtige Kind die Regelaltersgrenze erreicht, so ist das bis dahin angesparte Altersvorsorgevermögen für den Elternunterhalt einzusetzen!

Die Höhe des zu belassenden Vermögens richtet sich nach höchstrichterlicher Rechtsprechung nicht nach einer festen Vermögensgrenze, sondern nach den individuellen Einkommensverhältnissen des Unterhaltspflichtigen, da sich die spätere Rente ebenfalls an dem zuletzt erzielten Einkommen orientiert.

Bei der Ermittlung des Altersvorsorge**vermögens** werden 5 % des Bruttoeinkommens zu Grunde gelegt. **Zusätzlich** wird – trotz der andauernden Niedrigzinsphase – davon ausgegangen, dass angesichts der langjährigen Vermögensanlage eine durchschnittliche Rendite von 4 % im Laufe des Berufslebens erzielt werden kann. Als Berufsleben wird der Zeitraum von Berufsbeginn bis zum Eintritt der Unterhaltsverpflichtung zugrunde gelegt.

> **BEISPIEL:**
>
> Das unterhaltspflichtige Kind verdient monatlich 4.000 € brutto und befindet sich seit 30 Jahren im Berufsleben. 5 % von seinem Bruttoeinkommen entsprechen einem monatlichen Betrag von 200 €, also jährlich 2.400 €. Nimmt man 30 Jahre Berufsleben und eine Rendite von 4 % an, ergibt sich ein Altersvorsorge**vermögen** von 134.603,86 €, dass dem Kind verbleiben darf.

Liegt das Einkommen des unterhaltspflichtigen Kindes über der Beitragsbemessungsgrenze der Rentenversicherung, darf es vom Einkommen, welches die Beitragsbemessungsgrenze übersteigt, zusätzlich 25 % für die Altersvorsorge zurücklegen, das somit zum Altersvorsorgevermögen wird.

Die Beitragsbemessungsgrenze (West) beläuft sich für das Jahr 2020 auf **82.800 €,** und die Beitragsbemessungsgrenze (Ost) beläuft sich auf **77.400 €.**

> **BEISPIEL:**
>
> Das unterhaltspflichtige Kind verfügt über ein jährliches Bruttoeinkommen von 88.000 € und befindet sich seit 30 Jahren im Berufsleben. Unter Berücksichtigung der Beitragsmessungsgrenze (West) darf das unterhaltspflichtige Kind aus seinem Einkommen innerhalb der Beitragsbemessungsgrenze 5 %, d. h. 4.140 € jährlich, und aus dem Einkommen oberhalb der Beitragsbemessungsgrenze in Höhe von 5.200 € (88.000 € – 82.000 € = 3.200 €) weitere 25 %, also 1.300 € jährlich, für die zusätzliche Altersvorsorge aufwenden. Insgesamt können 5.440 € jährlich für das Alter **zurückgelegt** werden. Berücksichtigt man weiter eine Rendite von 4 %, errechnet sich ein **Schonvermögen** von 305.101,07 €.

6. Kapitel. Wie wird der Unterhalt berechnet?

Die konkrete Berechnung des Unterhaltes für die Eltern enthält viele Fallstricke und Stolpersteine. Bereits der Weg zur Feststellung des Bedarfs der Eltern und zum einzusetzenden Einkommen der Kinder ist rechtlich sehr kompliziert. Es kommt vor, dass Sozialämter das unterhaltpflichtige Kind einfach „reicher" rechnen, als es tatsächlich ist, indem sie nur pauschale Abzüge ansetzen. Die korrekte Unterhaltsberechnung entscheidet darüber, ob die Eltern von ihren Kindern Unterhalt verlangen können oder nicht.*

TIPP!

Unterhaltsberechnungen vom Sozialamt sollten von einem im Familienrecht versierten Fachanwalt überprüft werden!

1. Berechnungsgrundsätze

a) Unterhaltspflichtiges Kind ist unverheiratet

Ist das unterhaltspflichtige Kind unverheiratet, wird von seinem Einkommen der Selbstbehalt abgezogen. Die Hälfte des sich ergebenden Betrages wird zum Selbstbehalt hinzugerechnet, um den individuellen Selbstbehalt zu ermitteln. Dann wird vom Einkommen der individuelle Selbstbehalt abgezogen. Verbleibt ein positiver Überschuss, so ist dieser Überschuss voll für den Elternunterhalt einzusetzen.

Berechnung:

1. **Rechenschritt:** Einkommen – Selbstbehalt = X
2. **Rechenschritt:** X/2 + Selbstbehalt = individueller Selbstbehalt
3. **Rechenschritt:** Einkommen – individueller Selbstbehalt = Überschuss, der für den Elternunterhalt eingesetzt werden muss.

Zahlreiche Berechnungsbeispiele finden Sie auf den nachfolgenden Seiten:

* Bitte beachten Sie die Ausführungen auf Seite 36/37. Wenn der Unterhaltsanspruch der Eltern auf das Sozialamt übergegangen ist, dann müssen sich die Kinder an den Pflegekosten nur beteiligen, wenn sie über ein Bruttoeinkommen von über 100.000 Euro jährlich verfügen.

b) Doppelverdienerehe

Komplizierter wird es, wenn in die Unterhaltsberechnung auch noch das Einkommen des Schwiegerkindes mit einbezogen wird.

Zunächst werden die Einkommen beider Ehegatten zusammengerechnet. Hiervon wird der Familienselbstbehalt (siehe S. 24) abgezogen. Das verbleibende Einkommen wird noch um eine 10 %ige Haushaltsersparnis vermindert. Die Hälfte des sich ergebenden Betrages wird zum Familienselbstbehalt hinzugerechnet, um den individuellen Familienselbstbehalt zu ermitteln. Zu dem ermittelten individuellen Selbstbehalt hat der Unterhaltspflichtige in einer dem Verhältnis der Einkommen der Ehegatten entsprechenden Höhe beizutragen. Die Differenz zwischen dem Einkommen des Unterhaltspflichtigen und seinem Anteil am individuellen Familienselbstbehalt ist für den Elternunterhalt einzusetzen.

Die Ermittlung des individuellen Familienbedarfs stellt sicher, dass der Elternunterhalt nur aus dem Einkommen des Unterhaltspflichtigen gespeist wird. Eine verdeckte Haftung des besserverdienenden Schwiegerkindes ist damit ausgeschlossen.

TIPP!

Bei einer Doppelverdienerehe muss das Schwiegerkind beim Aufbau seiner zusätzlichen Altersvorsorge die Begrenzung auf 5 % des Bruttoeinkommens nicht beachten. Es ist der Betrag zu berücksichtigen, der tatsächlich aufgewandt wird, solange er in angemessenem Verhältnis zu seinem Einkommen steht.

2. Berechnungsbeispiele

Die nachfolgenden Berechnungsbeispiele legen die Selbstbehaltssätze der seit dem 1.1.2020 gültigen Düsseldorfer Tabelle zugrunde und veranschaulichen die oben dargestellten Berechnungsgrundsätze.

TIPP!

Die jeweils aktuelle Düsseldorfer Tabelle ist im Internet unter https://www.olg-duesseldorf.nrw.de/infos/Duesseldorfer_Tabelle/index.php zu finden.

a) Unterhaltspflichtiges Kind ist unverheiratet

BEISPIEL:

Die unverheiratete Tochter verfügt über ein bereinigtes Einkommen von 3.500 €.

Einkommen	3.500 €
abzgl. Selbstbehalt	2.000 €
Überschuss	1.500 €
hiervon 1/2 als zusätzlicher Selbstbehalt	750 €
individueller Selbstbehalt	2.750 €

Der individuelle Selbstbehalt wird vom Einkommen abgezogen: Die unverheiratete Tochter ist in Höhe von 750 € (3.500 € – 2.750 €) leistungsfähig.

b) Doppelverdienerehe, unterhaltspflichtiges Kind ist der Besserverdiener

BEISPIEL:

Der unterhaltspflichtige Ehemann (M) hat ein bereinigtes Einkommen von 2.500 €, seine Ehefrau (F) von 1.500 €. Sie wohnen im abbezahlten Eigenheim. Für das mietfreie Wohnen im Eigenheim wird ein Wohnwert in Höhe der in den Selbstbehaltssätzen der Düsseldorfer Tabelle enthaltenen Sätze zugrunde gelegt (700 € für das unterhaltspflichtige Kind, hier M, und 600 € für dessen Ehegatten).

Einkommen M	2.500 €
Wohnwert	700 €
Zwischensumme	3.200 €
Einkommen F	1.500 €
Wohnwert	600 €
Zwischensumme	2.100 €

Familieneinkommen	5.300 €
abzgl. Familienselbstbehalt	3.600 €
Zwischenergebnis	1.700 €
abzgl. 10 % Haushaltsersparnis	170 €
Zwischenergebnis	1.530 €
hiervon 1/2	765 €
zzgl. Familienselbstbehalt	3.600 €
individueller Familienselbstbehalt	4.365 €

Der Anteil von M am Familienselbstbehalt beträgt (gerundet) 2.635 € (4.365 € x 3.200 € / 5.300 €). M ist in Höhe von 565 € leistungsfähig (3.200 € – 2.635 €).

! Unterschreitet das gemeinsame Einkommen der Ehegatten den Familienselbstbehalt, tritt mangels Leistungsfähigkeit keine Unterhaltsverpflichtung ein.

Die obige Berechnungsweise wird auch dann angewandt, wenn der Geringverdiener Elternunterhalt leisten muss.

c) Alleinverdienerehe, Taschengeldanspruch

BEISPIEL:

Das Schwiegerkind hat ein bereinigtes Einkommen von 4.000 €.

Einkommen	5.000 €
5 % Taschengeld hiervon	250 €
abzgl. 5 % aus Familienselbstbehalt (3.600 €)	180 €
Überschuss	70 €
hiervon 1/2	35 €

Für den Elternunterhalt können 35 € eingesetzt werden.

TIPP!

Dasselbe Ergebnis erzielt man mit folgender Rechenformel:

$$\frac{(\text{Einkommen} - \text{Familienselbstbehalt}) \times 5\,\%}{2}$$

7. Kapitel. Verwirkung – Kein Unterhalt für böse Eltern?

Steht die Unterhaltsverpflichtung grundsätzlich fest, so kann das unterhaltspflichtige Kind in manchen Fällen einwenden, dass die unterhaltsberechtigten Eltern ihren Anspruch auf Unterhalt verwirkt haben. Es handelt sich hierbei um Fallkonstellationen, bei denen Gründe im Verhalten der Eltern oder Gründe des Zeitablaufs es gerechtfertigt erscheinen lassen, dem unterhaltspflichtigen Kind Einwände gegen den Unterhaltsanspruch an die Hand zu geben.

1. Beschränkung oder Wegfall der Unterhaltspflicht

Haben die Eltern sich schuldhaft in ihre bedürftige Lage gebracht oder haben sie sich gegenüber dem eigenen Kind in einer Art und Weise benommen, die es nicht gerecht erscheinen lässt, das Kind Unterhalt zahlen zu lassen, so kann das Verhalten der Eltern zu einem teilweisen oder **gänzlichen Verlust des Unterhaltsanspruches** führen. Folgende Fallgruppen kommen für die Annahme einer Verwirkung in Betracht:

a) Sittliches Verschulden

Hierunter werden Fälle verstanden, bei denen das Verhalten eines Elternteils besondere sittliche Missbilligung verdient. Es muss sich dabei um ein **Verhalten von erheblichem Gewicht** handeln. Bloße Nachlässigkeit und einmaliges Versagen reichen nicht aus. Von dieser Fallgruppe werden vor allem Fälle der Alkohol-, Drogen- und Spielsucht umfasst. In diesen Fällen ist zu berücksichtigen, dass die Sucht häufig Krankheitswert hat. Die Sucht kann man dem Elternteil nur dann vorhalten, wenn sich der Suchtkranke nicht darum bemüht hat, seine Sucht, z. B. durch eine Therapie, zu bekämpfen. Das Verhalten des suchtkranken Elternteils muss zusätzlich kausal, also **ursächlich**, für den Eintritt der Unterhaltsbedürftigkeit sein.

Ein vorwerfbares Fehlverhalten kann auch in der **Vernachlässigung der eigenen Altersvorsorge** liegen. Dies setzt allerdings voraus, dass auch tatsächlich ein entsprechendes Einkommen für die Altersvorsorge vorhanden gewesen ist oder bei zumutbarem Einsatz der Arbeitskraft hätte vorhanden sein müssen, man aber dennoch nicht für das Alter vorgesorgt hat. Die Eltern müssen folglich ihr Einkommen und Vermögen verprasst haben, damit Verwirkung eintreten kann. Waren die Eltern als Arbeitnehmer berufstätig und wurden die entsprechenden Sozialversicherungsbeiträge entrichtet, kann ihnen kein sittliches Verschulden vorgeworfen werden, wenn ihre Rente nicht zur Deckung der Heimkosten ausreicht.

b) Verzicht bei Scheidung

Hat ein Elternteil bei Scheidung auf **Unterhaltsansprüche verzichtet**, obwohl er erkennen konnte, dass er auf Sozialhilfe angewiesen sein wird, kann ebenfalls Verwirkung eintreten. Der Verzicht stellt ein sittliches Verschulden dar.

> ! Unterhaltsverzichte im Rahmen von Scheidungsvereinbarungen, die sich sehenden Auges zu Lasten des Sozialamtes auswirken, sind meist unwirksam und können dazu führen, dass der Ex-Ehegatte/Lebenspartner zur Zahlung von Unterhalt verpflichtet ist. Dieser ist vorrangig, d. h. vor den Kindern, in Anspruch zu nehmen.

Das Sozialamt scheut sich nicht davor, solche Scheidungsvereinbarungen genauer zu überprüfen und nachträglich zu Fall zu bringen.

c) Grobe Vernachlässigung eigener Unterhaltspflicht

Hat der unterhaltsbedürftige Elternteil seine eigene Unterhaltsverpflichtung gegenüber dem unterhaltspflichtigen Kind grob vernachlässigt, indem er gar nicht, unregelmäßig oder häufig verspätet geleistet hat, kann die Unterhaltsverpflichtung des Kindes ausgeschlossen sein.

> ! Wurde kein Kindesunterhalt wegen mangelnder Leistungsfähigkeit des Elternteils gezahlt, tritt keine Verwirkung ein! Gegen eine Unterhaltspflicht kann nur verstoßen werden, wenn diese auch tatsächlich besteht!

Es ist darauf abzustellen, inwieweit das Kind infolge der Nichtzahlung von Kindesunterhalt seinen Lebensbedarf einschränken musste bzw. auf Hilfen Dritter angewiesen war. Das Kind muss durch die Verweigerung von Unterhaltszahlungen in eine **existenzbedrohende Lage** gekommen sein. Irrelevant ist, ob die Verletzung der Unterhaltspflicht absichtlich erfolgte oder nicht.

Meist scheitert dieser Verwirkungseinwand an der Nachweisbarkeit der groben Vernachlässigung der

Unterhaltspflicht. Den Nachweis muss das unterhaltspflichtige Kind durch Vorlage von Gerichtsurteilen, Vollstreckungsunterlagen etc. führen. In der Regel ist das unterhaltspflichtige Kind nicht mehr im Besitz dieser Unterlagen, sodass der Nachweis der groben Vernachlässigung der Unterhaltspflicht nicht mehr geführt werden kann.

TIPP!

Unterlagen, die den Unterhaltsanspruch des Kindes gegen seinen jeweiligen Elternteil betreffen, sollten sorgfältig aufbewahrt werden.

d) Schwere Verfehlung

Als dritte Fallgruppe der Verwirkung kommt eine vorsätzliche schwere Verfehlung gegenüber dem Unterhaltspflichtigen oder einem seiner nahen Angehörigen in Betracht. Von einer schweren Verfehlung ist bei **tiefen Kränkungen** auszugehen, die einen groben Mangel an verwandtschaftlicher Gesinnung und menschlicher Rücksichtnahme erkennen lassen. Die Rechtsprechung hat in folgenden, beispielhaft aufgezählten Fällen eine schwere Verfehlung bejaht:

- Vor-die-Tür-setzen einer Minderjährigen, um mit dem neuen Lebenspartner zusammenleben zu können;
- Zurücklassen des Kindes bei den Großeltern und fehlendem Kontakt;
- sexueller Missbrauch;
- schwere, tätliche Angriffe etc.

Kontaktabbrüche der Eltern stellen zwar eine Verfehlung dar, es müssen aber weitere Umstände hinzukommen, die das Verhalten als schwere Verfehlung erscheinen lassen.

! Wurde das unterhaltspflichtige Kind vom unterhaltsberechtigten Elternteil **enterbt**, stellt die Enterbung keine schwere Verfehlung dar, da die Testierfreiheit von unserem Grundgesetz geschützt ist.

Weitere Voraussetzung ist, dass die schwere Verfehlung **vorsätzlich** begangen worden sein muss. Dem Elternteil muss die Tragweite seines Verhaltens in Bezug auf sein Kind bewusst gewesen sein.

e) Ist das Ergebnis billig und gerecht?

Liegt einer der oben genannten Fälle vor, so hat das nicht automatisch zur Folge, dass der Unterhalt zu beschränken oder gar komplett zu versagen ist. Bei Vorliegen eines Verwirkungsgrundes muss abschließend eine umfassende Abwägung zwischen den Interessen des Unterhaltsbedürftigen und des Unterhaltspflichtigen stattfinden.

Auf Seiten des Unterhalt begehrenden **Elternteils** sind folgende Abwägungspunkte zu berücksichtigen:

- Schwere der Verfehlungen,
- Grad der Bedürftigkeit,
- Auswirkungen der Beschränkung oder gar völligen Versagens des Unterhaltsanspruchs.

Auf Seiten des unterhaltspflichtigen **Kindes** sind folgende Abwägungspunkte zu berücksichtigen:

- finanzielle Verhältnisse des Kindes,
- Höhe des Unterhaltsanspruchs,
- Voraussichtliche Dauer des Unterhaltsanspruchs,
- die mit dem Unterhaltsanspruch einhergehende Belastung des Kindes.

Sofern man zu dem Schluss kommt, die Inanspruchnahme des Kindes ist grob unbillig, entfällt der gesamte Unterhaltsanspruch. Diese Rechtsfolge ist allerdings eher der Ausnahmefall. Meist kommen die Gerichte nur zu einem **zeitlich begrenzten Ausschluss des Unterhaltsanspruches.** Die hohen Hürden der Nachweispflicht, die den unterhaltspflichtigen Kindern obliegt, führen meist zum Scheitern des Unterhaltsausschlussbegehrens. Das Führen des Nachweises fällt oft deshalb schwer, weil die Vorkommnisse bereits viele Jahre zurückliegen und Beweise, wie z.B. schriftliche Dokumente, nicht mehr auffindbar sind.

Grundsätzlich ist die Verwirkung endgültig. Das bedeutet, dass sie nicht nachträglich entfallen kann.

Verzeiht das unterhaltspflichtige Kind seinem Elternteil die Verfehlung nachträglich, kann dem Unterhaltsanspruch der Einwand der Verwirkung nicht mehr entgegengehalten werden. Ein Verzeihen wird z.B. angenommen, wenn das Kind die Betreuung des unterhaltsbedürftigen Elternteils übernommen hat oder wenn es einen guten und regelmäßigen Kontakt zu dem Elternteil unterhält.

f) Durchsetzung des Verwirkungseinwandes

Das unterhaltspflichtige Kind muss darlegen und beweisen, dass der unterhaltsbedürftige Elternteil einen der oben genannten Verwirkungstatbestände erfüllt hat. Pauschale Tatsachenbehauptungen, die oft auch emotional gefärbt sind, reichen nicht aus um das Sozialamt oder das Gericht vom Fehlverhalten der Eltern zu überzeugen. Der Vorwurf muss durch Zeugen, Urkunden etc. **nachgewiesen** werden.

Meist liegen die Vorfälle so weit in der Vergangenheit zurück, dass das unterhaltspflichtige Kind sich daran nur sehr schwer oder kaum erinnert. Schriftstücke, wie z.B. Unterhaltsurkunden und Strafurteile, sind nicht mehr vorhanden und Zeugen nur schwer aufzufinden oder bereits verstorben.

Der Nachweis der Verwirkung hängt zudem immer von den Umständen des Einzelfalles ab. Der Weg über das Gericht kann schwierig und steinig sein. Zudem muss das **Kostenrisiko** eines Gerichtsverfahrens in die Abwägung einfließen, ob die Erhebung des Verwirkungseinwandes tatsächlich Aussicht auf Erfolg haben kann oder nicht.

TIPP!

Hierzu ist unbedingt **vorab** juristischer Rat einzuholen!

Um sich bestmöglich gegen den Unterhaltsanspruch mit dem Einwand der Verwirkung vorzubereiten, sind die den Eltern vorwerfbare Ereignisse so detailliert und präzise wie möglich aufzuschlüsseln und niederzuschreiben. Zeugen sollten schriftliche Erklärungen bzw. eidesstattliche Versicherungen verfassen. Urkunden, ärztliche Atteste, Urteile und andere Nachweise, die das Fehlverhalten der Eltern **dokumentieren**, sollten sicher archiviert werden, um sie im Bedarfsfalle griffbereit zu haben. Je früher damit begonnen wird, das Fehlverhalten der Eltern zu dokumentieren, desto höher stehen die Chancen, mit dem Verwirkungseinwand durchzukommen.

TIPP!

Der Einwand der Verwirkung kann auch dem Sozialamt entgegengebracht werden, da der Unterhaltsanspruch des Elternteils auf das Sozialamt übergeht!

Insgesamt sind die Voraussetzungen für den Verwirkungseinwand sehr hoch. Das unterhaltspflichtige Kind darf nicht darauf vertrauen, dass es durch das Waschen schmutziger Wäsche vor Gericht seiner Unterhaltsverpflichtung entgehen kann.

2. Untätigkeit schadet – Verwirkung durch Zeitablauf

Der Unterhaltsanspruch kann auch dann verwirkt sein, wenn der Unterhaltsberechtigte seinen Anspruch gegenüber dem Unterhaltspflichtigen **nicht geltend** macht, obwohl er dazu in der Lage wäre und der Unterhaltspflichtige aufgrund der Untätigkeit des Unterhaltsberechtigten sich darauf eingerichtet hat, dass er nicht mehr auf Zahlung von Unterhalt in Anspruch genommen wird. Hintergrund ist, dass von demjenigen, der auf Unterhalt angewiesen ist, erwartet werden kann, dass er sich zeitnah um die Durchsetzung seines Anspruchs kümmert.

Die Rechtsprechung hat zum **Schutz des Unterhaltsschuldners** eine zeitliche Grenze von einem Jahr eingeführt. Innerhalb dieses Zeitraums muss der Unterhaltsberechtigte seinen Unterhaltsanspruch durchsetzen. Tut er dies nicht, so sind Unterhaltsrückstände, welche ein Jahr zurückliegen, nicht mehr auszugleichen.

BEISPIEL:

Das Sozialamt schickt im September 2017 dem unterhaltspflichtigen Kind ein Schreiben, in welchem es mitteilt, dass Unterhaltsansprüche für den bedürftigen Elternteil bestehen. Das Kind wird aufgefordert, Auskunft über sein Einkommen zu erteilen, damit der Unterhalt vom Sozialamt berechnet werden kann. Das Kind erteilt sofort die Auskunft. Im Januar 2019 meldet sich das Sozialamt wieder und verlangt rückwirkend, also für den Zeitraum ab September 2017, Unterhalt in Höhe von 250 €. Die Unterhaltsansprüche für den Zeitraum September 2017 bis Dezember 2018 sind verwirkt, da sie länger als ein Jahr zurückliegen.

TIPP!

Die Zeit spielt für den Unterhaltspflichtigen! Wenn sich das Sozialamt längere Zeit nicht meldet, sollten Nachfragen nach dem Bearbeitungsstand tunlichst vermieden werden!

8. Kapitel. Geschwisterhaftung – Wer soll das bezahlen?

1. Bestimmung der Haftungsanteile

Haben die unterhaltsberechtigten Eltern mehrere Kinder, müssen alle Kinder – Leistungsfähigkeit vorausgesetzt – anteilig für den Unterhalt der Eltern aufkommen. Für jedes Kind muss die Leistungsfähigkeit gesondert bestimmt werden.

! Sind mehrere leistungsfähige Kinder vorhanden, darf sich das Sozialamt nicht einfach eines davon aussuchen und nur von ihm Unterhalt fordern.

Sind alle Geschwister leistungsfähig und reicht die Leistungsfähigkeit aus, den Bedarf der Eltern zu decken, zahlt jedes Kind entsprechend seiner Leistungsfähigkeit.

BEISPIEL:

Der verwitwete Vater lebt in einem Pflegeheim und seine Einkünfte reichen zur Deckung der Pflegeheimkosten nicht aus. Es besteht ein ungedeckter Bedarf von 1.000 €. Die beiden unverheirateten Kinder Kind 1 und Kind 2 verfügen über ein bereinigtes Einkommen von 2.500 € bzw. 3.000 €.

Einkommen Kind 1	2.500 €
abzgl. Selbstbehalt	2.000 €
Überschuss	500 €
Hiervon 1/2	250 €
Einkommen Kind 2	3.000 €
abzgl. Selbstbehalt	2.000 €
Überschuss	1.000 €
Hiervon 1/2	500 €

Leistungsfähigkeit insgesamt: 750 € (250 € + 500 €). Für den Unterhalt stehen lediglich 750 € zur Verfügung, sodass der Bedarf des Vaters in Höhe von 250 € nicht gedeckt ist.

Abwandlung:

Wie oben, jedoch besteht ein ungedeckter Bedarf von 500 €.

Setzt man das verfügbare Einkommen der Kinder (250 € bzw. 500 €) zum Gesamteinkommen beider (750 €) ins Verhältnis, muss Kind 1 mit einer Quote 33 % und Kind 2 mit einer Quote von 67 % für den ungedeckten Bedarf haften. 33 % vom ungedeckten Bedarf in Höhe von 500 € betragen **165 € (Kind 1)** und 67 % betragen **335 € (Kind 2).**

Die Ermittlung der Haftungsanteile der Kinder erschwert sich, wenn eines oder mehrere Kinder den Unterhalt nicht nur aus ihrem Einkommen, sondern auch aus ihrem Vermögen erbringen müssen. Das Vermögen muss dann in einen monatlichen Beitrag umgerechnet werden. Die Umrechnung in eine monatliche Rente erfolgt an Hand der restlichen statistischen Lebenserwartung des unterhaltsberechtigten Elternteils.

Die Ermittlung des Haftungsanteils durch Umrechnung des Vermögens in einen monatlichen Beitrag ist einem versierten Fachanwalt zu überlassen!

2. Wie erfährt man das Einkommen der Geschwister?

Manchmal besteht zwischen den Geschwistern kaum oder überhaupt kein Kontakt, sodass auch keine Kenntnis über die Einkommens- und Vermögensverhältnisses der anderen Geschwister besteht. In solchen Fällen haben die unterhaltspflichtigen Kinder grundsätzlich einen **Anspruch gegenüber ihren Geschwistern** in Bezug auf deren Einkommens- und Vermögensverhältnisses.

a) Auskunft gegenüber Ehegatten der Geschwister

Gegen die Ehegatten der Geschwister, d. h. den Schwager oder die Schwägerin, besteht grundsätzlich kein Auskunftsanspruch über deren Einkommens- und Vermögensverhältnisse. Der Grund dafür ist, dass Schwiegerkinder für die Schwiegereltern nicht aufkommen müssen. Wegen der Ermittlung des Taschengeldanspruchs oder der Bestimmung des Familienselbstbehaltes ist die Bestimmung der Haftungsanteile der Geschwister ohne Kenntnis über die Einkommensverhältnisse der jeweiligen Ehegatten jedoch nicht möglich. Der Auskunftsanspruch gegen die Geschwister reicht aus diesem Grund soweit, dass diese nicht nur über ihre eigenen Einkommensverhältnisse Auskunft erteilen müssen. Auf Verlangen müssen sie **Angaben über die Einkünfte ihrer Ehegatten** machen, soweit die Angaben erforderlich sind, um den Anteil der Ehegatten am Familienunterhalt zu berechnen.

In der Regel geben Ehegatten eine gemeinsame Steuererklärung ab. Im Rahmen der Auskunftserteilung müssen auch Belege, darunter der Steuerbescheid, vorgelegt werden. Bei der Vorlage von Steuerbescheiden können die Geschwister Angaben, die nur ihren Ehegatten betreffen, jedoch unkenntlich machen, soweit sie zur Auskunftserteilung nicht erforderlich sind. Dies gilt auch für andere vorzulegende Dokumente.

b) Sonderproblem: Sozialamt

Wenn Sozialämter von einem der Kinder Unterhalt verlangen, müssen sie darlegen und beweisen, in welcher Höhe die anderen Geschwister leistungsfähig sind. Das bedeutet, dass, wenn das Sozialamt Unterhalt fordert, es die Höhe des Unterhaltsanspruchs darlegen und das Einkommen der Geschwister vorrechnen muss, weil sich ansonsten die Haftungsanteile nicht bestimmen lassen. Meist machen die Sozialämter aber keine Angaben zum Einkommen der anderen Geschwister. Die Sozialämter tragen meist einfach pauschal vor, dass die anderen Geschwister nicht leistungsfähig seien oder sie berufen sich auf den Datenschutz und erteilen **außerhalb eines Gerichtsverfahrens** keine Auskunft über das Einkommen der anderen Geschwister.

TIPP!

Solange das Sozialamt sich weigert, eine nachvollziehbare Berechnung vorzulegen, aus welchem sich der Haftungsanteil des auf Unterhalt in Anspruch genommenen Kindes ergibt, kann das Unterhaltsverlangen des Sozialamtes **zurückgewiesen** werden.

Die Sozialämter lassen es deswegen immer wieder auf **Gerichtsverfahren** ankommen. Wird der Unterhaltsanspruch im Gerichtsverfahren allerdings dann vom Sozialamt unter Berücksichtigung der Haftungsanteile der Geschwister korrekt dargelegt, kann das in Anspruch genommene Kind den Unterhaltsanspruch zur Kostenvermeidung sofort „anerkennen". Dies hat zur Folge, dass das Sozialamt die **gesamten Prozesskosten** tragen muss.

TIPP!

Ist der unterhaltsberechtigte Elternteil zwischenzeitlich verstorben, geht es nur noch um Unterhaltsrückstände für die Zeit vor dem Todesfall. Indem man gegenüber dem Sozialamt das Datenschutzargument (welches nicht greift) erwähnt und auf das Prozesskostenrisiko hinweist, kann man das Sozialamt außergerichtlich zu Vergleichsverhandlungen bewegen, um die Unterhaltsforderung zu reduzieren.

9. Kapitel. Wann kommt das Sozialamt ins Spiel?

Kommen die Eltern ins Heim und reichen deren Einkünfte und Rücklagen zur Begleichung der Heimkosten nicht aus, geht in der Regel zunächst das Sozialamt in Vorkasse und begleicht die ungedeckten Heimkosten. Im Anschluss versucht das Sozialamt, sich die vorverauslagten Kosten von den unterhaltspflichtigen Kindern zurückzuholen.

1. Sozialrecht vs. Familienrecht

Im Falle des Elternunterhaltes greifen zwei unterschiedliche Rechtsgebiete, das Sozialrecht und das Familienrecht, ineinander. Das Sozialrecht regelt in erster Linie das Recht der öffentlich-rechtlichen Leistungen und Hilfen zur Bewältigung individueller Risiken und Notstände. Das Familienrecht regelt u. a. die Unterhaltsansprüche zwischen Verwandten und (Ex-)Ehegatten/Lebenspartnern. Die Regelungen des Sozial- und Familienrechts decken sich nur teilweise. Die Sozialämter versuchen naturgemäß, die vorverauslagte Sozialhilfe wieder einzubringen. Dabei wenden sie oft sozialhilferechtliche Grundsätze an, die meistens die unterhaltspflichtigen Kinder benachteiligen, da sie zu einer höheren Unterhaltslast führen.

Die Berechnung des Sozialamtes sollte dahingehend überprüft werden, ob die Berechnung nach sozialhilferechtlichen oder unterhaltsrechtlichen Grundsätzen erfolgt ist. Bei Zweifeln sollte beim Sozialamt die verwendete Berechnungsmethode erfragt werden.

2. Der Brief vom Sozialamt – Rechtswahrungsanzeige

a) Anspruchsübergang auf den Sozialhilfeträger

Indem das Sozialamt für die eigentlich unterhaltspflichtigen Kinder zunächst eingesprungen ist, geht von Gesetzes wegen der Unterhaltsanspruch der Eltern in Höhe der Vorausleistung des Sozialamtes, auf dieses über.

Dem unterhaltsberechtigten Elternteil ist es dann verwehrt, seinen Unterhaltsanspruch selbst geltend zu machen! Die Unterhaltsgeltendmachung darf in einem solchen Fall nur das Sozialamt übernehmen.

Ein Forderungsübergang auf das Sozialamt findet nur hinsichtlich der Unterhaltsforderung gegen Kinder statt und nicht gegen Enkelkinder.

Um die Unterhaltsverpflichtung der Kinder ausrechnen zu können, werden die Kinder vom Sozialamt schriftlich davon in Kenntnis gesetzt, dass Sozialhilfeleistungen für die Eltern erbracht werden und dass deren eventueller Unterhaltsanspruch auf das Sozialamt übergegangen ist. Dieses Anschreiben nennt man **Rechtswahrungsanzeige**. Die Rechtswahrungsanzeige wird per Postzustellungsurkunde versandt, damit das Sozialamt den Zugang nachweisen kann.

Die **Rechtswahrungsanzeige der Sozialämter** enthält meist folgende Punkte:

- Mitteilung, dass Sozialhilfeleistungen gewährt werden;
- Hinweis auf die gesetzliche Unterhaltsverpflichtung zwischen Verwandten;
- Hinweis, dass der Unterhaltsanspruch bis zur Höhe der geleisteten Sozialhilfe auf den Sozialhilfeträger übergegangen ist;
- Aufforderung, den beigefügten Fragebogen zu den wirtschaftlichen Verhältnissen zur Überprüfung der Leistungsfähigkeit auszufüllen;
- Hinweis auf die gesetzlich bestehende Auskunftsverpflichtung, die sich auch auf den Ehegatten/eingetragenen Lebenspartner erstreckt;
- Fristsetzung, innerhalb derer der ausgefüllte und unterschriebene Fragebogen zurückzusenden ist;
- Hinweis, dass die Auskunftspflicht nicht identisch mit der Unterhaltspflicht ist;
- Hinweis, dass die Auskunftspflicht ggf. zwangsweise durchgesetzt werden kann.

b) Die neue 100.000-Euro-Grenze

Seit dem 1.1.2020 müssen sich Kinder erst ab einem Bruttoeinkommen von 100.000 € an den Pflegekosten beteiligen. Die 100.000-Euro-Grenze umfasst das gesamte Jahresbruttoeinkommen im Sinne des Einkommensteuerrechts. Das Einkommen von Ehegatten wird dabei nicht zusammengerechnet. Es kommt nur auf das Einkommen des Unterhaltspflichtigen an.

TIPP!

Nicht vom Einkommensteuerrecht umfasst werden Einkommensbestandteile wie etwa der Wohnwertvorteil oder der Taschengeldanspruch, sodass diese bei der Bemessung der 100.000-Euro-Grenze nicht herangezogen werden.

! Geht es darum den Haftungsanteil unter Geschwistern (siehe S. 34) zu ermitteln, spielt das unterhaltsrelevante Einkommen wieder eine Rolle, auch wenn dieses unter 100.000 € liegt! Maßgeblich ist ausschließlich das Einkommen, nicht das Vermögen. Immobilienvermögen und größere Sparguthaben spielen so lange keine Rolle, wie das laufende Einkommen unter der magischen 100.000-Euro-Grenze liegt. Das Sozialamt geht seit dem 1.1.2020 immer davon aus, dass das Einkommen des Kindes unter dieser Grenze liegt. Die Einkommensverhältnisse werden erst überprüft, wenn es Anhaltspunkte für ein höheres Einkommen gibt. Die Grenze bedeutet allerdings nicht, dass das Sozialamt überhaupt keine Einkommensüberprüfung mehr vornehmen wird. Liegen ausreichende Anhaltspunkte dafür vor, dass die Kinder möglicherweise ein höheres Einkommen haben, wird das Sozialamt eine Einkommensüberprüfung anstoßen.

! Die Regelungen zur 100.000-Euro-Einkommensgrenze gelten erst ab dem 1.1.2020. Für den Zeitraum davor kann keine Rückzahlung verlangt werden. Wer in der Vergangenheit Unterhalt für die Eltern gezahlt hat, obwohl sein Einkommen unterhalb der 100.000-Euro-Grenze liegt, wird von der Unterhaltsverpflichtung gegenüber dem Sozialamt befreit.

! Wurde der Elternunterhalt gerichtlich vom Sozialamt durchgesetzt, sollte die Unterhaltszahlung nicht einfach eingestellt werden, da das Sozialamt mit dem Gerichtsbeschluss den festgesetzten Unterhalt, z. B. durch Gehaltspfändung, zwangsweise eintreiben kann. In jedem Fall ist vorherige anwaltliche Beratung notwendig, bevor die Zahlung eingestellt wird!

c) Tatsächliche Auskunft

Mit der Rechtswahrungsanzeige wird das unterhaltspflichtige Kind in der Regel aufgefordert, Auskunft über seine eigenen Einkommens- und Vermögensverhältnisse sowie die seines Ehegatten zu erteilen. Der Rechtswahrungsanzeige wird in der Regel ein Fragebogen beigefügt, welchen die Betroffenen meist pflichtbewusst akribisch ausfüllen und mit den geforderten Nachweisen dem Sozialamt innerhalb der gesetzten Frist zurückschicken. Die von Sozialämtern verwendeten Vordrucke sind jedoch meist nicht speziell auf den Elternunterhalt ausgerichtet. Das bedeutet, dass diese Vordrucke von den betroffenen unterhaltspflichtigen Kindern Informationen verlangen, die über die gesetzliche Auskunftsverpflichtung **hinausgehen. Dies kann finanziell nachteilige Folgen nach sich ziehen.**

! Von Gesetzes wegen muss Auskunft über den Stand des Vermögens erteilt werden. Regelmäßig verlangt das Sozialamt noch die Vorlage von Vermögensbelegen. Dieser, von Gesetzes wegen nicht bestehender Verpflichtung muss das unterhaltspflichtige Kind nicht nachkommen!

Es besteht **kein Anspruch des Sozialamtes** dahingehend, dass der Vordruck zur Auskunftserteilung verwendet werden muss. Das Gesetzt verlangt vom Unterhaltspflichtigen lediglich die Vorlage einer systematischen Aufstellung.

TIPP!

Der Vordruck sollte **nicht ohne vorhergehende juristische Beratung** ausgefüllt werden!

Erst die Auskunft versetzt das Sozialamt in die Lage überprüfen zu können, ob und wenn ja, in welcher Höhe das in Anspruch genommene Kind Unterhalt zahlen muss. Eine Auskunftsverweigerung ist nicht sinnvoll, da der Auskunftsanspruch gerichtlich geltend gemacht werden kann.

Die Auskunftsverpflichtung besteht auch, wenn das unterhaltspflichtige Kind den Einwand der Verwirkung erhebt.

Die Auskunftsverpflichtung erstreckt sich auch auf das Schwiegerkind, da dessen Einkommensverhältnisse sich auf die wirtschaftliche Situation des Unterhaltspflichtigen auswirken und insoweit dessen Unterhaltsverpflichtung beeinflussen können, siehe S. 27.

Das Schwiegerkind muss nur über sein Einkommen Auskunft erteilen, jedoch nicht über sein Vermögen! (siehe S. 28).

TIPP!

Vom Sozialamt gesetzte Fristen können auch verlängert werden, wenn das unterhaltspflichtige Kind die geforderten Auskünfte nicht innerhalb der Frist beibringen kann. Das Fristverlängerungsbegehren sollte zu Nachweiszwecken per Einschreiben/Rückschein gestellt werden.

Stellt sich nach Auskunftserteilung heraus, dass ein Kind über 100.000 € brutto verdient, werden in der Regel auch die anderen Geschwister überprüft. Hintergrund ist, dass das Sozialamt den Haftungsanteil des Kindes, welches über 100.000 € brutto verdient, errechnen muss (siehe S. 34). Hierfür benötigt es die Auskünfte der anderen Geschwister.

! Nur dasjenige Kind, welches die 100.000-Euro-Grenze überschreitet, wird zur Unterhaltszahlung vom Sozialamt herangezogen und zwar nur in Höhe seines Haftungsanteils. Es muss nicht den vollen Unterhalt bezahlen!

d) Ab wann muss Unterhalt gezahlt werden?

Erst **ab dem Zeitpunkt der Zustellung der Rechtswahrungsanzeige** kann das Sozialamt den Unterhaltsanspruch geltend machen, denn erst ab diesem Zeitpunkt besteht nachweislich Kenntnis über die Unterhaltsverpflichtung.

BEISPIEL:

Der verwitwete Vater kommt im September 2019 ins Pflegeheim. Für die Kosten der Heimunterbringung kommt zunächst das Sozialamt auf. Im Januar 2020 wird dem unterhaltspflichtigen Kind die Rechtswahrungsanzeige zugestellt. Für den Zeitraum September bis Dezember 2019 darf das Sozialamt mangels Rechtswahrungsanzeige keine Unterhaltsforderungen stellen.

Bei der Rechtswahrungsanzeige des Sozialamtes handelt es sich **noch nicht um eine Zahlungsaufforderung.** Leider geht das häufig aus ihr nicht eindeutig hervor. Ergibt sich nach Auswertung der Auskunft, dass das unterhaltspflichtige Kind leistungsfähig ist, muss **rückwirkend ab Erhalt der Rechtswahrungsanzeige Unterhalt** gezahlt werden.

Die Auswertung der Auskunft durch das Sozialamt nimmt einige Zeit in Anspruch. Durch Nachfragen, Diskussionen über Abzugsposten, etc. kann das Unterhaltsberechnungsverfahren weiter in die Länge gezogen werden. Auf diese Weise können **erhebliche Rückstände** auflaufen, die den Unterhaltspflichtigen in finanzielle Bedrängnis bringen können.

TIPP!

Es empfiehlt sich, einen überschlägig errechneten Betrag bis zur **Zahlungsaufforderung durch das Sozialamt zurückzulegen!** Nicht selten lassen sich Sozialämter auf Nachfrage wegen offener Unterhaltsrückstände auch auf **Ratenzahlungsvereinbarungen** ein.

10. Kapitel. Gerichtliche Durchsetzung des Elternunterhalts durch das Sozialamt

Weigert sich das unterhaltspflichtige Kind, Auskunft zu erteilen, muss der Auskunftsanspruch vor Gericht geltend gemacht werden. Dasselbe gilt, wenn das unterhaltspflichtige Kind sich weigert, den vom Sozialamt geforderten Unterhalt zu bezahlen.

In der 1. Instanz sind immer die bei den Amtsgerichten angesiedelten Abteilungen **„Familiengericht"** zuständig. Örtlich zuständig ist das Gericht, in dessen Bezirk das unterhaltspflichtige Kind wohnt.

Auch vor dem Amtsgericht **besteht in Unterhaltsverfahren Anwaltszwang**! Wird kein Anwalt eingeschaltet, kann das Verfahren allein deswegen verloren werden!

1. Verfahren bei Auskunftsverweigerung

Hat das Sozialamt den Unterhaltspflichtigen **außergerichtlich zur Auskunftserteilung erfolglos aufgefordert,** kann es den Auskunftsanspruch vor dem Familiengericht geltend machen. Das Familiengericht hat sehr weitreichende Möglichkeiten, um vom Unterhaltspflichtigen und von Dritten, z. B. Arbeitgeber, Finanzamt etc., Auskünfte zu verlangen. Das Gericht kann in einem Unterhaltsverfahren anordnen, dass Auskunft über Einkünfte, Vermögen und persönliche wirtschaftliche Verhältnisse erteilt wird sowie bestimmte Belege vorzulegen sind. Diese Anordnung kann das Gericht sowohl an den Unterhaltspflichtigen wie auch an den Unterhaltsberechtigten richten. Das Gericht wird für die Auskunftserteilung und Belegvorlage eine angemessene Frist setzen. Bei Zweifeln des Gerichts an der Richtigkeit der Auskunft kann es eine schriftliche Versicherung über die Vollständigkeit und Richtigkeit der Auskunft verlangen.

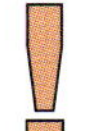

Eine **falsche eidesstattliche Versicherung** kann strafrechtliche Konsequenzen nach sich ziehen!

Eine in einzelnen Punkten unvollständige oder unrichtige Auskunft begründet nicht ohne Weiteres die Annahme mangelnder Sorgfalt.

Weigert sich der Auskunftsverpflichtete innerhalb der vom Familiengericht gesetzten Frist, der gerichtlichen Anordnung nachzukommen, so kann das Gericht über die Höhe der Einkünfte Auskunft und bestimmte Belege beim Arbeitgeber, bei Versicherungen oder dem Finanzamt **direkt anfordern.**

In der Regel kommen die unterhaltspflichtigen Kinder jedoch dem Auskunftsbegehren des Sozialamts nach. Die Einleitung eines Gerichtsverfahrens erfolgt meist, weil sich das unterhaltspflichtige Kind und das Sozialamt über die Unterhaltshöhe vorab nicht einig geworden sind.

TIPP!

Die gesetzliche Auskunftsverpflichtung kann **nicht** umgangen werden, sodass es nicht sinnvoll ist, die Auskunft per Gerichtsbeschluss erzwingen zu lassen.

2. Wie läuft das Gerichtsverfahren ab?

Das Gerichtsverfahren wird durch die Einreichung einer Antragsschrift von Seiten des Sozialamtes eingeleitet. Der Antrag wird vom Gericht an den Unterhaltspflichtigen zugestellt und ihm wird Gelegenheit zur Stellungnahme auf den Antrag gegeben.

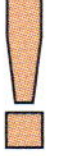

Die Stellungnahme **muss durch einen Rechtsanwalt** vorgenommen werden, da in Unterhaltsverfahren auch vor den Amtsgerichten Anwaltszwang herrscht.

Kurze Zeit später wird das Gericht einen ersten mündlichen Verhandlungstermin anberaumen, bei dem in der Regel der Unterhaltspflichtige persönlich gemeinsam mit seinem Anwalt erscheinen muss. Im Termin werden sämtliche Tatsachen, die für den Rechtsstreit relevant sind, erörtert. Das Gericht teilt den Verfahrensbeteiligten in der ersten Verhandlung seine Rechtsauffassung und seine Einschätzung der Erfolgschancen mit, um einen Vergleich zwischen den Beteiligten zustandekommen zu lassen. Kommt es zu keinem Vergleich und sind keine weiteren Verhandlungstermine erforderlich, wird das Gericht einen **Beschluss** fällen. Weitere Verhandlungstermine können erforderlich sein, wenn Zeugen vernommen werden müssen, z. B. wenn der Unterhaltspflichtige den Einwand der Verwirkung geltend macht.

Entspricht der Beschluss nicht den Erwartungen eines der Beteiligten, besteht die Möglichkeit, **Beschwerde** einzulegen. Über die Beschwerde entscheiden die Familiensenate bei den Oberlandesgerichten.

Auch vor dem Oberlandesgericht herrscht **Anwaltszwang**!

Die Entscheidung des Oberlandesgerichts ist meist endgültig, da den Beteiligten nur in Ausnahmefällen die **Rechtsbeschwerde** vor dem BGH offen steht.

Vor dem BGH können sich die Beteiligten in Zivilrechtsverfahren nur durch einen **beim BGH zugelassenen Rechtsanwalt** vertreten lassen!

3. Für immer und ewig?

Wenn das Gericht das unterhaltspflichtige Kind zu Unterhaltszahlungen verpflichtet hat, bedeutet das nicht, dass der Unterhaltsanspruch an sich und/oder die festgesetzte Unterhaltshöhe bis zum Ableben des unterhaltsberechtigten Elternteils besteht bzw. zu bezahlen ist. Ändert sich etwas in den persönlichen Verhältnissen des unterhaltspflichtigen Kindes, z. B. Heirat, Geburt eines unterhaltsberechtigten Kindes, oder an den Einkommens- und Vermögensverhältnissen, kann eine Abänderung der gerichtlichen Entscheidung in Betracht kommen. Eine Abänderung ist in der Regel geboten, wenn das unterhaltspflichtige Kind in Rente geht, da dies zu einem Absinken seiner Einkünfte führt.

Wenn sich die Selbstbehaltssätze erhöhen, kann dies ebenfalls zu einer Verringerung der Unterhaltslast führen.

Nicht jede Änderung führt automatisch zu einem Absinken der Unterhaltsverpflichtung! Die Einleitung eines Abänderungsverfahrens sollte vorab von einem Fachanwalt für Familienrecht überprüft werden.

4. Kosten des Gerichtsverfahrens

Unterhaltsverfahren kosten nicht nur Zeit und Nerven, sondern meist auch viel Geld. Die Kosten des Gerichtsverfahrens setzen sich zusammen aus Anwalts- und Gerichtsgebühren.

a) Anwaltskosten

Die Anwaltskosten richten sich nach dem sog. **Verfahrenswert** und berechnen sich aus der Anzahl von Gebühren, in Beziehung gesetzt zum Verfahrenswert.

Bei Unterhaltsverfahren richtet sich der Verfahrenswert nach dem **Jahresbetrag des geltend gemachten Unterhaltes zzgl. etwaiger aufgelaufener Unterhaltsrückstände.**

BEISPIEL:

Das Sozialamt fordert einen monatlichen Unterhalt von 450 € und macht zusätzlich Unterhaltsrückstände für 6 Monaten, d. h. 450 € x 6 = 2.700 €, geltend.

Der Verfahrenswert beträgt **8.100 €** (12 Monate x 450 € + Rückstände 2.700 €).

Die Gebühren sind gesetzlich im Rechtsanwaltsvergütungsgesetz (RVG) geregelt. Für das gerichtliche Verfahren in der 1. Instanz erhält der Anwalt eine 1,3 Verfahrensgebühr und in der 2. Instanz eine 1,6 Verfahrensgebühr. Werden zudem noch ein oder mehrere Gerichtstermine wahrgenommen, fällt zusätzlich eine 1,2 Terminsgebühr an. Die Höhe der Terminsgebühr erhöht sich, im Gegensatz zur Verfahrensgebühr, in der 2. Instanz nicht. Es spielt auch keine Rolle, wie oft der Anwalt zu Gericht muss, denn die Terminsgebühr fällt lediglich einmalig an. Wird im gerichtlichen Verfahren ein Vergleich geschlossen, sodass das Gericht keinen Beschluss fällen muss, erhält der Anwalt zusätzlich eine 1,0 Einigungsgebühr. Dem Anwalt steht ein Auslagenersatz zu, der pauschal zusätzlich 20,00 € beträgt; will der Anwalt eine höhere Summe einfordern, muss er diese konkret geltend machen. Abschließend kommt noch die Umsatzsteuer in Höhe von 19 % dazu. Sofern das Gerichtsverfahren nicht an dem Ort stattfindet, an dem der Anwalt seinen Sitz hat, entstehen Fahrtkosten und Abwesenheitsgelder. Bei den Fahrtkosten werden 0,30 € pro gefahrenem Kilometer angesetzt. Beim Abwesenheitsgeld hingegen kommt es darauf an, wie lange die Abwesenheit des Anwalts von seinem Kanzleisitz aufgrund des auswärtigen Verfahrens dauert:

- bis zu 4 Std. = 25 €
- 4 bis 8 Stunden = 40 €
- über 8 Stunden = 70 €.

BEISPIEL:

Verfahrenswert: 8.100 €

1,3 Geschäftsgebühr	659,10 €
1,2 Terminsgebühr	608,40 €
Auslagenpauschale	20,00 €
Fahrtkosten (2 x 30 km x 0,30 €)	18,00 €
Abwesenheitsgeld (4 Stunden)	25,00 €
Zwischensumme	**1.330,50 €**
19 % USt.	252,80 €
Gesamt	**1.583,30 €**

In gerichtlichen Verfahren **dürfen Rechtsanwälte nicht niedriger abrechnen,** als es das RVG vorsieht.

TIPP!

Unter https://anwaltsblatt.anwaltverein.de/de/apps/prozesskostenrechner kann man sich selbst einen ersten Überblick über die Kosten verschaffen.

b) Gerichtskosten

Die Gerichtskosten setzen sich zusammen aus den gerichtlichen Gebühren und den gerichtlichen Auslagen. Die Gerichtsgebühren ermitteln sich genau wie die Anwaltsgebühren aus dem vom Gericht festgesetzten Verfahrenswert. Zu den gerichtlichen Auslagen gehören u. a. die Entschädigung von Zeugen und Sachverständigen, Dolmetschern etc. In Unterhaltsverfahren fällt in der 1. Instanz eine 3,0-Gebühr und in der 2. Instanz eine 4,0-Gebühr an.

BEISPIEL:

Im vorangehenden Beispielsfall würden in der 1. Instanz **666 €** anfallen und in der 2. Instanz **888 €.**

5. Wer trägt die Kosten?

In familiengerichtlichen Verfahren kann das Gericht grds. über die Kosten eines Verfahrens nach billigem Ermessen entscheiden. In Unterhaltsverfahren spielt bei der Kostenentscheidung des Gerichts nicht nur das Gewinnen bzw. Verlieren des Verfahrens eine Rolle, sondern z. B. auch, ob gerichtliche Anordnungen missachtet wurden. **Grundsätzlich** gilt jedoch: Wer in einem Gerichtsverfahren unterliegt, muss auch die Anwaltskosten des Gegners übernehmen.

TIPP!

Gerichtsverfahren können **sehr kostspielig** sein! Ob es sinnvoll ist, es auf ein Gerichtsverfahren ankommen zu lassen, kann ein im Familienrecht versierter Fachanwalt beantworten.

Anhang. Musterschreiben, Checklisten

1. Musterschreiben

a) Anschreiben an den Sozialhilfeträger wegen Fristverlängerung

An das
Sozialamt
(Adresse) *(Datum)*

Betreff: Unterhalt für Herrn/Frau *(Name des Elternteils),* geb. am *(…)*
Ihr Zeichen: *(Zeichen des Sozialhilfeträgers)*

Sehr geehrte Damen und Herren,

mit Schreiben vom *(Datum),* welches mir nachweislich am *(Datum)* zugestellt worden ist, haben Sie mich mit Fristsetzung zum *(Datum)* zur Auskunft über mein Einkommen aufgefordert. Leider kann ich die von Ihnen gesetzte Frist nicht einhalten, da sich meine Unterlagen derzeit bei meinem Steuerberater zur Erstellung meiner Steuererklärung befinden. Ich habe meinen Steuerberater bereits um Rückgabe meiner Unterlagen gebeten. Aus diesem Grund bitte ich Sie, die von Ihnen gesetzte Frist um weitere zwei Wochen zu verlängern. Bitte bestätigen Sie mir die Fristverlängerung, gerne auch per E-Mail *(E-Mailadresse).* Vielen Dank.

Mit freundlichen Grüßen

(Name)

b) Anschreiben an den Sozialhilfeträger bei Heimunterbringung

An das
Sozialamt
(Adresse) *(Datum)*

Betreff: Unterhalt für Herrn/Frau *(Name des Elternteils),* geb. am *(…)*
Ihr Zeichen: *(Zeichen des Sozialhilfeträgers)*

Sehr geehrte Damen und Herren,

mit Schreiben vom *(Datum)* haben Sie gegen mich Unterhaltsansprüche geltend gemacht, da Sie die Heimkosten meiner Mutter im Rahmen der Sozialhilfe übernommen haben. Um Ihre Forderung überprüfen zu können, müssen Sie mir gegenüber zunächst die Bedürftigkeit meiner Mutter detailliert und aufgeschlüsselt darlegen. Mitzuteilen ist, welches Einkommen meine Mutter tatsächlich erzielt, welches sie erzielen könnte und ob und in welcher Höhe noch Vermögen vorhanden ist. Zusätzlich bitte ich um Mitteilung, ob meine Mutter Grundsicherung erhält bzw. weshalb eine Antragstellung unterblieben ist. Leistungen aus der Grundsicherung sind voll auf den Bedarf anzurechnen und mindern die Bedürftigkeit.

Sämtliche Auskünfte sind mit den entsprechenden Belegen zu versehen (z. B. Rentenbescheid, Bescheid über die Gewährung/Ablehnung der Grundsicherung, Kontoauszüge etc.).

Weiter bitte ich darzulegen, weshalb eine Heimunterbringung notwendig ist und wie sich die Heimkosten aufschlüsseln.

Mit freundlichen Grüßen

(Name)

c) Anschreiben an den Sozialhilfeträger wegen mangelnder Leistungsfähigkeit

An das
Sozialamt
(Adresse) *(Datum)*

Betreff: Unterhalt für Herrn/Frau *(Name des Elternteils),* geb. am *(...)*
Ihr Zeichen: *(Zeichen des Sozialhilfeträgers)*

Sehr geehrte Damen und Herren,

mit Schreiben vom *(Datum)* haben Sie mich aufgefordert, einen monatlichen Betrag in Höhe von *(Betrag)* für meinen Vater zu bezahlen.

Bei Ihrer Unterhaltsberechnung haben Sie übersehen, dass meine Fahrtkosten tatsächlich höher sind, als die von Ihnen zugrunde gelegte 5%-Pauschale für berufsbedingte Aufwendungen. Einen Nachweis über meine Fahrtkosten habe ich Ihnen im Rahmen der Auskunftserteilung bereits zukommen lassen. Weiter haben Sie nicht berücksichtigt, dass ich einen Riester-Vertrag einbezahle. Ich darf zusätzlich 5% meines Bruttoeinkommens für die weitere Altersvorsorge verwenden. Mit dem monatlichen Riester-Beitrag liege ich unter dieser Grenze.

Für meine geschiedene Ehefrau und meine minderjährige Tochter muss ich ebenfalls Unterhalt bezahlen. Für meine Ehefrau in Höhe von *(Betrag)* und für meine Tochter in Höhe von *(Betrag).* Damit unterschreite ich eindeutig den Selbstbehalt der Düsseldorfer Tabelle.

Mangels Leistungsfähigkeit können Sie von mir keinen Unterhalt für meinen Vater fordern.

Mit freundlichen Grüßen

(Name)

d) Anschreiben an den Sozialhilfeträger wegen Geltendmachung der Verwirkung

An das
Sozialamt
(Adresse) *(Datum)*

Betreff: Unterhalt für Herrn/Frau *(Name des Elternteils),* geb. am *(...)*
Ihr Zeichen: *(Zeichen des Sozialhilfeträgers)*

Sehr geehrte Damen und Herren,

mit Schreiben vom *(Datum)* haben Sie mich aufgefordert, *(Betrag)* für meine Mutter zu bezahlen.

Hiergegen erhebe ich den Einwand der Verwirkung. *(Gründe für Verwirkung vortragen)*

Aus den oben dargestellten Gründen ist es unbillig, wenn ich zur Zahlung von Unterhalt für meine Mutter herangezogen werde.

Mit freundlichen Grüßen

(Name)

e) Auskunftsschreiben an das unterhaltspflichtige Kind

Per Einschreiben/Rückschein

An
Herrn/Frau
(Adresse)

(Datum)

Lieber/liebe ....,

Du bist mir gegenüber zur Zahlung von Unterhalt verpflichtet, da ich nicht mehr in der Lage bin, meinen Lebensbedarf aus meinem Einkommen zu decken. Wie Du weißt, verfüge ich über keinerlei Vermögen mehr. Hiermit mache ich meinen Unterhalt geltend. Um den Unterhalt berechnen zu können, bitte ich Dich um Auskunft über Dein monatliches Erwerbseinkommen unter Einbeziehung aller mit Deinem Arbeitsverhältnis einhergehenden Zahlungen, Lohnersatzleistungen, Steuererstattungen und Kapitaleinkünften für den Zeitraum 1.1.2017 bis 31.12.2019. Die Auskunft hast Du zu belegen durch Vorlage Deiner Gehaltsbescheinigungen, Lohnsteuerkarte, letzte Einkommensteuererklärung und letzten Einkommensteuerbescheid.

Die Auskunft und die geforderten Belege lässt Du mir bitte bis spätestens *(Datum)* zukommen. Nach Auskunftserteilung werde ich meinen Unterhalt berechnen.

Mit besten Grüßen

(Name)

2. Checklisten

a) Checkliste: Einkommensermittlung

Monatsdurchschnittsnetto eines Jahres, bei Selbständigen drei Jahre
abzgl. 5 % pauschale berufsbedingte Aufwendungen (höher bei Nachweis)
zzgl. Kapitalerträge
zzgl. Einkünfte aus Vermietung und Verpachtung
zzgl. Wohnwertvorteil
zzgl. Steuererstattung
abzgl. Schulden, sofern vor Unterhaltsinanspruchnahme entstanden/unabwendbar
abzgl. Steuernachzahlung
abzgl. Unterhalt für Kinder
abzgl. Unterhalt für geschiedene Ehepartner
abzgl. 5 % zusätzliche Altersvorsorge (25 % bei Selbständigen)
abzgl. andere Versicherungen

b) Checkliste: Rechtswahrungsanzeige

✓ Zustelldatum notiert?
✓ Frist zur Abgabe der Auskunft notiert?
✓ Bedarf und Bedürftigkeit des Elternteils vom Sozialamt dargelegt?
✓ Höhe der Pflegeheimkosten angegeben?
✓ Angemessenheit der Pflegeheimkosten?
✓ Nachfrage zu Einkommen und verwertbarem Vermögen gestellt?
✓ Nachfrage zu Grundsicherungsrente gestellt?

c) Checkliste: Unterhaltsberechnung vom Sozialamt

- ✓ Einkommen richtig ermittelt?
- ✓ Wurden alle angegebenen Abzüge beachtet?
- ✓ Können weitere Abzüge geltend gemacht werden?
- ✓ Wurden vorrangige Unterhaltspflichten (Kinder, (Ex-)Ehegatte) berücksichtigt?
- ✓ Selbstbehalt beachtet?
- ✓ Wurden Rücklagen anerkannt?
- ✓ Geschütztes Vermögen richtig ermittelt?
- ✓ Vermögen des Ehegatten außen vor gelassen?
- ✓ Liegen Angaben zum Einkommen der Geschwister vor?
- ✓ Wurden die Anteile der Geschwister in der Berechnung berücksichtigt?

d) Checkliste: Verwirkung

- ✓ Liegen Anhaltspunkte für ein Fehlverhalten der Eltern vor?
- ✓ Handelt es sich um ein schwerwiegendes Verhalten?
- ✓ Liegen Nachweise vor? Strafurteile, Gerichtsbeschlüsse, Zeugen etc.?
- ✓ Ist seit dem letzten Schreiben des Sozialamts ein Jahr vergangen?

Sachregister